Markus
entdecken

Lese- und Arbeitsbuch zum Markusevangelium

Herausgegeben
vom Katholischen Bibelwerk e.V.
Stuttgart

Die Deutsche Bibliothek – CIP-Einheitsaufnahme

Bibel im Jahr ... – hrsg. vom Katholischen Bibelwerk e.V.,
Stuttgart: Kath. Bibelwerk.
     erscheint jährl. – früher Schriftenreihe. –
     Aufnahme nach 1995 (1994)
     1994 (1993) –

ISBN 3-460-19973-3

© 1996 Katholisches Bibelwerk e.V., Stuttgart
·Redaktion: Dieter Bauer
Titelfoto: Dürer, Die heiligen Apostel · Ausschnitt (Alte Pinakothek, München)
Layout: Hans Hug, Grafiker BDG, Stuttgart
Gesamtherstellung: Georg Riederer Corona, Stuttgart
Anschrift der Redaktion: Katholisches Bibelwerk e.V.
Silberburgstraße 121, 70176 Stuttgart, Telefon 07 11/6 19 20 50

Inhalt

Vorwort

Hiermit legen wir Ihnen unser neues Jahrbuch zum Markus-evangelium vor. Es ist wieder ein spannendes Lese- und Arbeitsbuch entstanden, das sowohl für die persönliche Lektüre als auch für die praktische Bibelarbeit in Gruppen hervorragend geeignet ist.

Der verstorbene Münchener Neutestamentler Otto Kuss begann eine seiner Markus-Vorlesungen mit der Bemerkung, die Vorlesung über Markus sei ein herausragendes Ereignis im Leben eines Neutestamentlers. Und er hat Recht! Im Markusevangelium, dem ältesten unserer vier Evangelien, begegnet uns am deutlichsten das Urgestein der Predigt Jesu, erkennen wir am schärfsten die Umrisse seiner historischen Gestalt, sein Zugehen auf die Menschen, seine heilende Ausstrahlungskraft, seine befreiende wie herausfordernde Predigt.

Der Evangelist Markus hat als erster die Jesusverkündigung der frühen Kirche gesammelt und systematisch zusammengestellt. Er stellt den Weg Jesu als einen Weg dar, der unausweichlich zum Kreuz führt. Von Anfang an wird deutlich, daß die Botschaft von Gott und seiner unterschiedslosen Liebe zu den Menschen auf Widerstand stößt. Dem Evangelisten ist es aber auch schon ein Herzensanliegen, zu zeigen, wie sehr die Gestalt Jesu bleibende Herausforderung für alle wird, die ihm nachzufolgen versuchen, vor allem für die, die in der Gemeinde Leitungsaufgaben haben. Die Lektüre des Evangeliums ist tröstlich, herausfordernd, beunruhigend, sie stellt viele eingefahrene Verhaltensweisen, auch in unseren heutigen Gemeinden und in unserer heutigen Kirche, kräftig in Frage.

Ich hoffe, daß die Lektüre dieses Buches, vor allem aber die Lektüre des Evangeliums selbst, für Sie anregend und im guten Sinne aufregend ist!

Franz-Josef Ortkemper
Direktor des Katholischen Bibelwerks e.V.

„Und gleich ließen sie die Netze und folgten ihm."

Markus 1,18

Anfang des Evangeliums von Jesus Christus

Einführung in das Markusevangelium

Das Evangelium des Markus

Die literarische und theologische Leistung des Markus läßt sich mit wenigen Worten umschreiben: „Er hat der Kirche das Evangelium geschenkt." Hier beginnen aber auch die Nachfragen: „Das Evangelium" – was ist damit gemeint? Hat er einen neuen literarischen Gattungsbegriff kreiert? Ohne Zweifel! Aber das genügt noch nicht. Ist es eine frühe Bekenntnisschrift, oder handelt es sich um die erste schriftliche Aufzeichnung der Lebens- und Leidensgeschichte Jesu? Legt Markus die Predigt Jesu von der ankommenden Herrschaft *Gottes* als Evangelium neu aus (1,14), oder verkündet er *Jesus Christus* als den Sohn Gottes (1,1)? Ist das Evangelium identisch mit der *Lehre der Kirche,* oder vertritt es das ursprünglich geoffenbarte *Wort Gottes?* Jede dieser Fragen enthält etwas Richtiges, aber für sich allein noch nicht die ganze Wahrheit. Natürlich orientiert sich Markus an dem Ur-Kerygma der christlichen Mission, das zum Grundbestand der Gattung „Evangelium" gehört, nur: dies alleine ist es noch nicht. Man kann nicht übersehen, daß der Evangelist erzählen will, aber die Beschränkung auf die Jesusvita wäre eine Verkürzung, wenn nicht gar eine Verfälschung. Die Erinnerung an die Predigt Jesu ist ein ganz entscheidender Aspekt, aber Markus will mit seinem Werk auch signalisieren, daß das Evangelium als Ausdruck hoher Offenbarung Gottes der predigenden und lehrenden Kirche anvertraut ist. Thematisch ist das Markusevangelium so reichhaltig, daß eine einzige literarische und theologische Erklärung nicht ausreicht. Markus hat auf traditionelle katechetische und missionarische Überlieferungen zurückgegriffen und aus dem Christusbekenntnis der Gemeinde sein ureigenes theologisches Werk geschaffen.

Die relativ häufige Verwendung des Begriffs Evangelium im Text selbst (1,1.14.15; 8,35; 10,29; 13,10; 14,9; vgl. 16,15) ist ein Hinweis auf die Schlüsselrolle für das Gesamtwerk. Hier spitzt sich alles auf den Prolog 1,1-15, speziell auf den ersten Satz „Anfang des Evangeliums von Jesus Christus, dem Sohne Gottes" (1,1) und auf die Einleitung zum Predigtsummarium (1,14f) „er verkündete das Evangelium Gottes" zu. Die Akzente sind scharf gesetzt: Während der erste Satz trotz des komplexen Bedeutungsfeldes (Evangelium *von* Jesus [sog. genitivus subjectivus] oder *über* Jesus [sog. genitivus objectivus]) einen proklamatorischen Oberton hat, spricht der zweite in geraffter Thematik den Inhalt der Predigt Jesu, die Botschaft von der Gottesherrschaft, an. In der ausufernden wissenschaftlichen Diskussion scheint sich eine mittlere Linie, die von einem mehrdimensionalen Verständnis von „Evangelium" ausgeht, durchzusetzen. „Die theologische Grundlinie des markinischen Euangelion-Verständnisses widerspricht deren intensiver christologischer Färbung keineswegs: Weil und wenn die nachösterlichen Jünger das Evangelium Gottes verkünden, verkünden sie zugleich das Evangelium Jesu Christi, denn Gott selbst hat ja Jesus zu seinem Sohn gemacht (1,9-11), ihn mit der Basileia-Verkündigung beauftragt (1,9-15) und mit seinem Wirken die Gottesherrschaft nahekommen lassen (1,15)" (Th. Söding). Markus hat durch eine geniale Konzentration der vor- und nachösterlichen Verkündigung auf Jesus Christus, den Sohn Gottes, dem Evangelium seinen persönlichen Stempel aufgedrückt. Der große thematische Spannungsbogen, der im Prolog angedeutet ist, muß als Dominante des Gesamtevangeliums verstanden werden.

8   Der Anfang des Evangeliums

Die Frage nach dem Anfang des Evangeliums ist damit angeklungen und auch schon unausgesprochen beantwortet: Hier beginnt das literarische (erzählende) Evangelium des Markus, hier nimmt die von Jesus verkündete Botschaft von der Gottesherrschaft (das Evangelium Gottes) ihren Anfang, hier liegen aber auch die Ursprünge und Wurzeln der Missionspredigt der jungen Kirche. Der Begriff „Anfang" hat für Markus, wie deutlich wird, ein aspekthaftes, durch den Standpunkt des Betrachters vorbestimmtes Profil. Es bleibt aber immer noch die Frage, was Johannes der Täufer mit diesem Evangelienanfang zu tun hat. Natürlich ist die räumliche, zeitliche und religionsgeschichtliche Nähe ein wichtiges Argument. Johannes und Jesus stehen auch ohne die von Lukas behaupteten verwandtschaftlichen Beziehungen (Lk 1,36) als Gottesmänner nahe beieinander. Das Modell des Vorläufers, das in den Evangelien seinen Niederschlag gefunden hat, ist in dieser allgemeinen religionsgeschichtlichen Ortsbestimmung auch historisch richtig. Die theologische Überlegung zur „Vorgeschichte" des Begriffs Evangelium führt noch weiter: Wenn Markus sein Evangelium als literarisches Werk vom Ende, d.h. von der Passionserzählung her geschrieben und durch thematische Blöcke nach rückwärts verlängert hat, dann würde die Jesusgeschichte der erste kompositorische Abschnitt sein, gefolgt von der Täufergeschichte, die mit dem Schriftzitat von V. 2f noch einmal zurückblendet in die prophetische Anfangsgeschichte und von dort aus zum eigentlichen Ursprung des Evangeliums im Heilswillen Gottes. Der Täuferabschnitt 1,4-8 ist ein Kommentar zu dem Prophetenzitat aus Mal 3,1; Ex 23,22 und Jes 40,3. In das Wirrwarr des Kurzberichtes kommt erst dann Sinn, wenn man den Prophetenspruch als Schlüssel benutzt. Die Aussagen über das Auftreten des Johannes in der Wüste (1,4), das Verkündigen einer Botschaft (1,4.7) und der Hinweis auf den nach Johannes Kommenden, der stärker als er selbst ist, sind rückbezogen auf den Prophetenspruch: „Ich sende meinen Boten vor dir her; er soll den Weg für dich bahnen. Eine Stimme ruft in der Wüste: *Bereitet dem Herrn den Weg! Ebnet ihm die Straßen.*" Markus hat seinen traditionellen Täuferbericht enthistorisiert und auf den vorgegebenen Verkündigungstext der Propheten hin (um-)formuliert. Der zweite christologische Aspekt des Täuferbildes korrespondiert mit dem ersten vom Evangelienanfang: Johannes ist in seiner Kleidung (1,6) als der wiederkommende und vor dem Endzeitrichter einhergehende Vorläufer Elija ausgewiesen (2 Kön 1,8). Der Anfang des Evangeliums von Jesus Christus reicht noch einmal über Johannes den Täufer und den Propheten Elija zurück zu dem Willen Gottes. Aber neben diesem typologischen Deuteansatz muß auch der große heilsgeschichtliche Zusammenhang bedacht werden. Die aus Jerusalem und ganz Judäa herbeiströmenden Volksscharen, die den Prediger Johannes und sein Erneuerungsprogramm hörten (1,5), erinnern sich unter den Stichworten Wüste, Weg, Straßebauen natürlich an die große Geschichte Israels, an den Auszug aus Ägypten und an die Befreiung aus der babylonischen Gefangenschaft. In der Verkündigung und im Heilswirken Jesu wird die Vergangenheit lebendig und zu Ende geführt. Für Markus hat das Evangelium von Jesus Christus in der Erinnerung an Israels Befreiung, und geschichtlich konkret im Auftreten Johannes des Täufers seinen Anfang genommen. Von hier aus kann es in einer Gegenbewegung die Geschichte Jesu von der Taufe im Jordan bis hin zum Tod und zur Auferstehung erzählen.

Das Evangelium vom Gottesreich

Markus greift betont mit seinem Evangelium auf die Gottes- und Gottesreichpredigt Jesu (1,15) zurück und macht seiner Gemeinde deutlich, daß sie in der Tradition der jüdisch geprägten theozentrischen Frömmigkeit steht. Vom Reich Gottes reden heißt von Gott selbst reden, von seiner Zuwendung zu den Menschen, seinem Nahekommen, seinem Anspruch und seiner

10 Gnade. Israel hat die Königsherrschaft Jahwes in den Büchern des Alten Testamentes immer wieder bedacht. In der Zeit Jesu war der Begriff politisch besetzt. Die Gedanken der zelotischen Revolutionspartei (Lk 6,15 vgl. Apg 1,13), welche den Aufstand probte und zum Kampf gegen die Besatzer aufrief, haben sich in den religiös ausgerichteten Bildern niedergeschlagen. Der Evangelist Markus hat die alte Botschaft von Gott und seiner überweltlich-welthaften Herrschaft aufgenommen und unter dem Oberbegriff „Evangelium" eingefangen. Die Gleichnisse vom Sämann (4,1-9), vom Wachsen der Saat (4,26-29) und vom Senfkorn (4,30-32) illustrieren diesen Gedanken. Gott ist der Herr eines derartigen wunderbaren Geschehens, er sorgt für das Aufgehen der Saat in überraschendem Ausmaß: dreißig-, sechzig- und hundertfach; die Missionshelfer sind bestenfalls Zuschauer, oft genug auch schlafende Unbeteiligte, die keine Erklärung geben können („und der Mann wußte nicht, wie ..." 4,27). Am Ende wird das große Wunder der Gottesherrschaft in der ausgewachsenen Senfstaude mit großen Zweigen offenkundig. Die Herrschaft Gottes wird zum Reich und Lebensraum vieler (die dort nistenden Vögel 4,32). Erstaunlich ist für das Konzept des Markus die relativ sparsame und zurückhaltende Behandlung des Themas. Eine umfassende und erschöpfende Wiedergabe der Sprüche und Gleichnisse war wohl nicht sein Anliegen, wohl aber die jüdisch-judenchristliche Linie des Evangeliums. Markus gibt sein waches Interesse an dem Evangelium Gottes, das sich einen extensiven und intensiven Herrschaftsraum geschaffen hat, zu erkennen. Seine besondere persönliche Note ist die Ausweitung des Themas und die Überschreitung der traditionellen Grenzen Israels. Für ihn hat die Reich-Gottes-Botschaft Jesu einen universalen Einschlag. Das Evangelium Gottes wendet sich an alle Menschen, an Juden und Heiden.

Das Evangelium von Jesus Christus, dem Sohn Gottes

Ein erster deutlicher kerygmatischer Leitfaden des narrativen Evangeliums ist in der Sicht des Markus in der Sohn-Gottes-

der rat der rose

I

glaube? ein rosenwildling
das licht eines lächelns:
flüchtig ach ja
man baut
kein bollwerk damit

II

bleib aufrecht
rät die rose
zeig dornen
sei stolz

beuge dich
nur der liebe

Kurt Marti

12 Christologie gegeben. Das Evangelium beginnt im Einleitungssatz mit dem an den Namen Jesus Christus gebundenen Titel (1,1), läßt ihn in der Taufszene in der Himmelsstimme erneut anklingen (1,11), greift ihn noch einmal in der Verklärungsszene auf (9,7) und führt ihn im Bekenntniswort des heidnischen Hauptmanns unter dem Kreuz missionarisch zum Abschluß (15,39). Man muß hier nicht das Modell des altägyptischen Inthronisationsrituals mit Adoption, Proklamation und Akklamation bemühen (Ph. Vielhauer), aber die gestalterische Linienführung ist nicht zu übersehen. In einer eigenartigen Verfremdung taucht der Name „Sohn Gottes" in zwei Erzählungen von der Heilung dämonisch Besessener (3,11; 5,7) wie ein Kontrast zu der himmlischen Proklamation bei der Taufe und Verklärung auf. Will der Evangelist in den Kreisen von Randchristen, die von Jesus, dem Wundertäter fasziniert sind und in ihrem Bekenntnis Anleihen in der Welt der antiken Zauberer, Göttersöhne und „göttlichen Menschen" machen, missionarisch werben? Markus bewegt sich mit seiner Zuwendung zu den Suchenden auf einem schmalen Grat. Das Bekenntnis zur Gottessohnschaft Jesu ist immer in Gefahr, nicht nur in irrationale Bereiche abzugleiten, sondern auch auf einsamen Höhen theoretischer Spekulation und seelenloser Deklamationen das Wesen des Christlichen aus dem Auge zu verlieren. Das Kreuz Jesu, der eigentliche Schlüssel zum Verstehen des Sohn-Gottes-Bekenntnisses des Markus, markiert in den Leidensankündigungen 8,31; 9,31; 10,33.34 eine zweite Erzähllinie. Das Evangelium von Jesus Christus, dem Sohn Gottes, die Botschaft von der Hingabe des Menschensohnes ist in stereotypen Wendungen, die als Kurzfassung der Passionserzählung verstanden werden können, ausgedrückt: Der Menschensohn muß vieles leiden (8,31), er wird in die Hände von Menschen ausgeliefert, sie werden ihn verspotten, anspucken, geißeln und töten (10,34), aber nach drei Tagen wird er auferstehen. Wie ein Stakkato in einem Melodram klingt hier das Generalthema des paulinischen Grund- und Urevangeliums (1 Kor 15,3f) an. Das offene Bekenntnis zur eigenen Identität vor

dem jüdischen Gericht (14,61f) führt noch einmal zum Sohn
Gottes (Sohn des Höchsten)-Titel zurück. Im Augenblick der
Ohnmacht vor den menschlichen Richtern gibt er sich als den zu
erkennen, der er verborgen schon vorher war. Das erste Bekenntnis zum Sohn Gottes aus Menschenmund erfolgt nach dem
Tode Jesu (15,39), der Getötete ist der Menschensohn, der sein
Leben hingibt als Lösegeld für viele (10,45). Beide Namen er-
gänzen sich und finden unter dem Vorzeichen der Selbstpreis-
gabe ihre wahre theologische Dimension.

Das Evangelium vom Sohn Gottes in Vollmacht

Im krassen Gegensatz zu der Leidenstheologie stehen die
zahlreichen Wunderberichte vorrangig im ersten Teil des Evangeliums mit der nicht zu übersehenden Herrlichkeitschristologie.
Das ungewöhnliche Bild des Wundertäters hat religionsgeschichtliche Parallelen, von denen die des alttestamentlichen Gottes-
mannes (Simson, Elija, Elischa u.a.) am ehesten als Leitmodell
in Frage kommen. Im Rahmen des Evangeliums gibt die domi-
nierende Sohn-Gottes-Christologie den Ton an. Das gesamte
Evangelium wird so durch die Fülle der berichteten Wundertaten
zu einer Epiphanie des Göttlichen, freilich: mit all den negativen
Aspekten und den gefährlichen theologischen Verzerrungen.
Wenn Herrlichkeit ohne einen eschatologischen Vorbehalt oder
ohne die gegensteuernde Niedrigkeitschristologie demonstriert
wird, ist Gefahr im Verzuge. Das Verlangen nach der Manifestation
des Göttlichen, der Automatismus des Mirakels und die magische
Irreführung waren für Markus selbst Warnsignale. Wahrscheinlich hat er die einseitigen Vorlagen, möglicherweise eine Wunder-
quelle mit entsprechenden christologischen Verkürzungen,
durch Korrekturen und redaktionelle Maßnahmen entschärft
und evangeliumskonform umgeschrieben. Von ganz entscheidender Bedeutung ist die schon angedeutete kreuzestheologische
Linienführung, die sich von der Notiz über die Gefangennahme
des Johannes (1,14) über die frühe Mordabsicht der Pharisäer

und Herodianer (3,6), die Erzählung von der Enthauptung des Johannes (6,17-29), die Leidensankündigungen (8,31; 9,31; 10,33-34) bis hin zum Passionsbericht erstreckt. Die Wunder haben für den Evangelisten Markus eine Botschaft, die mit seiner Wortverkündigung vergleichbar ist: Das Reich Gottes ist jetzt schon im Auftreten Jesu zeichenhaft gegenwärtig. Dies zeigt sich in der Befreiung von den dämonischen Verstrickungen und den vielfältigen Zwängen des Lebens. Im Helfen und Heilen wird Menschlichkeit als neue Weisung angemahnt. All dies ist eine „gute Nachricht".

Das Schweigegebot als Hinweis auf die Offenbarung des Sohnes Gottes am Kreuz

Das den Herrlichkeitsoffenbarungen des Gottessohnes zuwiderlaufende Schweigegebot im Anschluß an Dämonenaustreibungen (1,25.34; 3,12), Heilungswunder (1,43-45; 5,43; 7,36; 8,26 u.ö.) und öffentliche Messiasbekenntnisse (8,30; 9,9) wirft wegen der fehlenden Erzähllogik Fragen auf. Da darüber noch ausführlicher gesprochen wird, müssen hier einige knappe Hinweise genügen. Markus hat Wegweiser zur Passion als den entscheidenden Ort der Herrlichkeitsoffenbarung und Kundgabe der Gottessohnwürde Jesu aufgestellt. Den „blinden" Jüngern sollen so die Augen für die Kreuzesnachfolge nach Ostern (8,34; 16,7) geöffnet werden. Die Jünger verstehen tatsächlich nicht, „wohin die Reise geht". Sie sind sogar noch angesichts der ersten Auferstehungszeugnisse schwer von Begriff (16,11.13.14). Markus gibt mit der durch die Frauen am leeren Grab vermittelten Sendung der Jünger nach Galiläa (16,7) in chiffrierter Form einen Hinweis auf den Neubeginn: Man muß sich auf die Worte Jesu besinnen und über alles, was er in Galiläa getan hat, lesend nachdenken. „Relecture" heißt jetzt das Erkenntnis- und Nachfolgemodell. So werden sie, die ehedem Blinden, zu den ersten Missionaren (vgl. die Erzählung vom blinden Bartimäus 10,46-52). Die unter dem Stichwort „Messiasgeheimnis" abgehandelten vielen Einzelzüge haben so gesehen über die jeweiligen situativen Aspekte hinaus einen gemeinsamen Generalnenner: die Offenbarung des Sohnes Gottes im Tod und in der Auferwekkung.

Jüngerschaft und Nachfolge

Markus thematisiert in Erzählungen von Jüngerberufungen (1,16-20) sowie in zahlreichen Kurznotizen über Nachfolge und Jesusgemeinschaft die Grundlinien von Kirche in seiner Zeit. Christ-Sein setzt Eingliederung in die an Jesus orientierte Gemeinschaft von Glaubenden voraus. Nach 3,13-19 kreiert Jesus den Zwölferkreis und sieht dessen Rolle in der Repräsentation des Zwölf-Stämme-Volkes, in der Jesusgemeinschaft und in der Aussendung zur Verkündigung und zur Dämonenaustreibung. Die Jünger bzw. die Zwölfmänner sind in der auf Jesus zurückgehenden und in dessen Person begründeten Gemeinschaft Multiplikatoren der anbrechenden Gottesherrschaft. Was vorösterlich in dieser Lebens- und Sendungsgemeinschaft grundgelegt ist, wird für Markus durch die Erfahrung von Tod und Auferstehung Jesu nachösterlich ekklesial eingeholt. Nachfolge ist in der Sicht des Markus Schicksalsgemeinschaft mit Jesus. Das Wort vom Kreuz-auf-sich-nehmen (8,34) folgt unmittelbar auf die erste Leidensankündigung (8,31-33). Hier zeichnet sich für die nachösterliche Jüngergemeinschaft in der Kirche deutlich ab, welche Folgen das Bekenntnis zu Jesus und das Sich-Einlassen auf seine Sache hat oder haben wird. Nachfolge ist das Schlüsselwort zur Erfassung der neuen Gemeinschaft, die sich Kirche nennt. Das Wort deutet aber auch auf die konkrete Beziehung zur Person Jesu über die österliche Neuerfahrung hinaus. Persönliche Betroffenheit im Glauben und das daraus resultierende Engagement verleihen der Jüngerschaft und der Nachfolge eine existentielle Vitalität.

16   Markus heute

Die Überlegungen zur Begriffsgeschichte des Evangeliums und zur Rezeption des Themas im Markusevangelium bleiben abstrakt und graue Theorie, solange nicht über die Anrede und die Bedeutung für den Hörer/Leser hier und heute gesprochen wird. Was sagt das Evangelium des Markus den fragenden und suchenden Zeitgenossen? Außenstehende verbinden damit vage konfessionsspezifische Implikationen, der Kirchgänger hört das Wort als formale Stereotype vor der Verlesung des jeweiligen Tagestextes. Insider, Lektoren und Pastoren wissen auch um die vierfache Ausfertigung nach Matthäus, Markus, Lukas und Johannes, oder erinnern sich sogar an den Apostel Paulus, der seine eigene Verkündigung unter den Anspruch des Evangeliums gestellt hat (vgl. Röm 2,16). Das alles ist richtig, aber es reicht nicht. Das Evangelium ist Wort Gottes, Anrede, es geht mich an und will mein Leben bewegen, verändern, vertiefen oder auch erneuern.

„Anfang des Evangeliums von Jesus Christus" steht zunächst unter dem Aspekt des anfangenden Neuen; etwas, das bislang noch nicht dagewesen ist, nimmt von jetzt an seinen Lauf. Der Hörer ist eingeladen, sich darauf zu besinnen und in ein Gespräch einzutreten. Gott redet wieder, nicht allgemein in hohen Deklamationen, sondern sehr konkret und gezielt. Gott spricht sein Volk an, das er sich in der Zeit der Väter Israels erwählt und jetzt im Evangelium Jesu Christi erneuert hat. Dieses neue anredende Wort ist Botschaft, eine Proklamation der Freude, Überwindung der Dämonie von Gewalt und Unrecht, Sinndeutung des Lebens aus der Perspektive Gottes. Dies alles ist gemeint mit dem Begriff „Gottes Herrschaft". Die alten Chiffren müssen auf ihren aktuellen Sinn hin befragt und, falls erforderlich, auch ausgetauscht werden. Die kirchliche Liturgie spricht von dem Reich der Wahrheit und des Lebens, der Heiligkeit und der Gnade, der Gerechtigkeit, der Liebe und des Friedens (Präfation zum Christkönigssonntag).

„Herrschaft" und „Reich" sind unter dem Vorzeichen des Evangeliums als „gute Nachricht" von der neuen Lebensordnung nach den Weisungen Jesu in ein verändertes, alle Zwänge und Unterdrückungen sprengendes Bezugsfeld hineingeholt. Evangelium ist auch heute Einladung zum Glauben (1,15) und zum Vertrauen auf die in Jesus Christus geschenkte Nähe Gottes. Mit anderen Worten: Im Evangelium ist dem Menschen die Chance zur Kommunikation mit Gott, der absoluten, unverfügbaren und in verläßlicher Treue ihm zugewendeten höchsten Instanz gegeben. Mehr noch: Gott hat in Jesus Christus sein menschliches Gesicht gezeigt und davon im Evangelium Kunde gegeben. Diese Nähe des liebenden und menschenfreundlichen Gottes ist ein Wortereignis, Anrede, uns zugesprochen im Raum der aus dem Evangelium lebenden Kirche. Folgt man dem Markus, so wird auch deutlich, daß die Botschaft in das Buch, die Bibel, die Schrift, eingegangen ist und daß Sinndeutung ganz konkret hier in dem, was geschrieben steht, zu haben ist. Evangelium ist also nicht Information über abstrakte Wahrheiten, nicht Lehrbuch, in dem ewige Lebensweisheiten niedergeschrieben sind, sondern eine Botschaft, die aufrührt, Unruhe stiftet, Bewegung schafft und am Ende reich beschenkt. Evangelium ist so gesehen Sprachereignis; im Sprechen und Hören des Wortes ereignet sich das Heil Gottes. Die Kirche erkennt im Evangelium den Maßstab ihres Handelns, weil sie weiß, daß sie sich selbst dieser Botschaft verdankt. Solche Einsichten haben Konsequenzen. Kirche muß, wenn sie sich an die ihr vorgegebene geistliche Norm hält, Raum der Freiheit, Mittlerin der Freude und Botschafterin des Vertrauens sein. Mit dem Evangelium ist der Kirche ein großartiges Instrument für eine neue geschwisterliche Kommunikation und gesellschaftliche Inspiration an die Hand gegeben. Was Markus auf seine Weise anfanghaft gesagt und niedergeschrieben hat, ist auch heute, wenn es richtig gehört und gelebt wird, hoch aktuell: „Anfang des Evangeliums von Jesus Christus, dem Sohne Gottes."

Josef Ernst

Ich kenne einen

der ließ sich von uns die Suppe versalzen
der ließ sich von uns die Chancen vermasseln
der ließ sich von uns das Handwerk legen
der ließ sich für dumm verkaufen
der ließ sich einen Strick drehen
der ließ sich an der Nase herumführen
der ließ sich übers Ohr hauen
der ließ sich von uns kleinkriegen
der ließ sich von uns in die Pfanne hauen
der ließ sich von uns aufs Kreuz legen
der ließ sich von uns Nägel mit Köpfen machen
der ließ sich zeigen was ein Hammer ist
der ließ sich von uns festnageln auf sein Wort
der ließ sich seine Sache was kosten
der ließ sich sehen am dritten Tag

der konnte sich sehen lassen

Lothar Zenetti

Ein Tag in Kafarnaum – Vorgeschmack des Reiches Gottes

Ursprungsgeschichtliche Beobachtungen zu Mk 1,22-45

Betlehem hat ihn hervorgebracht, Nazaret hat ihn aufgezogen, Kafarnaum hat ihn als Einwohner gehabt." So schreibt Johannes Chrysostomus über den Ort, der im Neuen Testament nach Jerusalem die größte Rolle spielt. Für den Evangelisten Markus ist Kafarnaum aber nicht allein eine historisch wichtige Stätte, sondern der Ort, an dem das Reich Gottes anfing, Gestalt anzunehmen. Es ist das Siegel auf die Botschaft, die Jesus zu Beginn seiner Predigt feierlich eröffnet hatte: *„Die Zeit ist erfüllt, das Reich Gottes ist angekommen!" (Mk 1,15).*

Markus schildert nun, wie die ersten Jünger, die dieser Botschaft gefolgt sind, an einem einzigen Tag in drei „Szenen" erleben, welche Macht in Jesu Worten liegt. Der Verfasser des ältesten Evangeliums konnte bei der Komposition seines „Tages von Kafarnaum" (Mk 1, 21-34) und der angefügten „Missionserzählung" (1,35-45) auf Vorlagen und ältere Überlieferungen zurückgreifen. Ja, das erste Kapitel des Markusevangeliums eignet sich ausgezeichnet, den Weg der Entstehung einer solchen Schrift in ihren verschiedenen Stufen nachzuvollziehen. Diesen Weg möchte ich im folgenden mit Ihnen durchwandern. Dabei versuche ich, das allmähliche Wachsen des Textes in vier „Sprechsituationen" nachzuvollziehen.

Kafarnaum, ein Brennpunkt Galiläas

Zunächst ein Blick auf die „Kulisse", vor der sich die im Evangelium berichteten Geschehnisse abspielten: Das „Kaff des Nahum" (heute Tel Hum) trägt im Neuen Testament generell den

Namen Kafarnaum. Nur zwei Handschriften verwenden an einer Stelle die Variante Kapernaum, die sich später in der Lutherbibel festgesetzt hat. Der Ort wird als tiefgelegene Stadt in Galiläa beschrieben (Lk 4,31). Aus der Grenznähe zum Regierungsgebiet des Philippus und der wirtschaftlich günstigen Lage an der „via maris", der Haupthandelsstraße von Ägypten durch Palästina nach Syrien, erklärt sich die Zollstelle (Mk 2,14) und die Präsenz kleiner militärischer Einheiten im Ort (Mt 8,5). Zur Bevölkerung zählen die Evangelien vier Berufsgruppen: an erster Stelle die Fischer (Mk 1,16), dann die Zöllner (Mk 2,14), die Soldaten (Mt 8,5) und schließlich die zusammengehörigen Instanzen der Schriftgelehrten und Pharisäer (Mk 2,6.16; 3,6). Schließlich gab es offenbar auch getreideverarbeitende Berufe (Mk 2,23) und eine nicht näher beschriebene Gruppe von „Anhängern des Herodes". Üblicherweise waren gelegentlich auch Rabbiner aus anderen Orten Galiläas anwesend. Kein Wunder also, daß sich interessante Neuigkeiten aus diesem Ort in Windeseile über ganz Galiläa und darüber hinaus verbreiteten. Diese Beobachtung ist entscheidend für die Sicht der Mission Jesu. Es stimmt, daß Jesus nicht an den Machtzentren und Schaltzentralen Israels ansetzte. Seine bescheidene Herkunft aus dem obergaliläischen Bergdorf Nazaret findet eine angemessene Fortsetzung in Gestalt des eher einfachen Jüngerkreises. Doch die Tatsache, daß Jesus Kafarnaum zu einem seiner Hauptstützpunkte machte, beweist, daß er durchaus auf die Öffentlichkeitswirksamkeit seiner Predigt zielte. Wenn es einen Ort gab, an dem man in Galiläa (und darüber hinaus) bekannt werden konnte, dann war das sicher Kafarnaum!

Sie erzählten Geschichten von Jesus (erste Sprechsituation)

Es besteht kein Zweifel darüber, daß sich in dem Fischerort am Nordwestufer des Sees Gennesaret im Zusammenhang mit dem Auftreten Jesu aufsehenerregende Ereignisse abgespielt haben. Dabei waren Heilungen und Exorzismen in damaliger Zeit nichts Ungewöhnliches. Das Dämonische wurde in verschiedensten körperlichen und geistigen Krankheiten gesehen. Vieles läßt sich heute mit psychosomatischen Zusammenhängen erklären. Dennoch behalten die Erzählungen ihre Kraft. Denn es bleibt bei jeder Heilung etwas, das nicht erklärt, sondern nur dankbar angenommen werden kann. Die Evangelien – wie auch andere religiöse Texte – stellen hier den Zusammenhang zwischen Gottes heilender Macht und der Gebrechlichkeit menschlicher Existenz her. Wo Gott wirkt, weicht das Kranke und Dämonische, das in der Sicht der Bibel zusammengehört. Aus jüdischen und römischen Quellen wissen wir, daß auch zur Zeit Jesu Wunderheiler und Wanderprediger durch die Lande zogen. Es gab tatsächlich beeindruckende Heilungserfahrungen, die dann auch weitererzählt wurden. Wie einer dieser Wunderheiler wird zunächst auch Jesus gesehen worden sein: So könnte die älteste Überlieferung aus Kafarnaum etwa folgendes zum Inhalt gehabt haben:

Ein frommer Mann namens Jesus kam aus Nazaret herab. Am Sabbat besuchte er die Synagoge. Er nahm das Gastrecht wahr und legte uns die Tora aus. Es war aber auch ein Besessener da. Jesus sprach mit ihm und befahl dem Dämon auszufahren. Dieser wehrte sich, aber schließlich gehorchte er. Wir wunderten uns über die Macht dieses Jesus und fragten uns, wer er sei.

Außerdem besuchte er die schwerkranke Schwiegermutter von Petrus, einem Fischer, der seit kurzem mit ihm herumzieht. Wir sahen, wie er ins Haus ging. Nach einiger Zeit kam er mit Petrus und seiner Schwiegermutter heraus, und diese war gesund!

Einige der anwesenden Schriftkundigen kritisierten an Jesus, daß er eine Methode der Schriftauslegung betreibe, wie sie unter den Schriftgelehrten nicht üblich und anerkannt sei. Er berufe sich nicht auf die Lehrer, die vor ihm lehrten und zitiere deren Erkenntnisse, sondern deute die Schrift ganz eigenmächtig. Wie solle man so eine Exegese einordnen? Ganz allmählich wuchs neben der Begeisterung in Kafarnaum auch das Lager der Gegner Jesu. Die Frage wurde heiß, wer der Mann aus Nazaret nun wirklich sei. Möglicherweise hatten die schriftgelehrten Kritiker Jesu noch Rückenstärkung aus der orthodoxen Riege Jerusalems. Dort hielt man ohnehin nichts von der Theologie und Frömmigkeit Galiläas. Im Gegenteil: Galiläa zählte zum „Kreis der Heiden" (vgl. Mt 4, 15). Dort wähnte man die Brutstätte vieler Dämonen. Wenn Sie die Evangelien daraufhin durchsehen, wo von unreinen Geistern erzählt wird, werden Sie feststellen, daß sämtliche „Dämonengeschichten" in Galiläa und seinem unmittelbaren Umfeld (Sidon und Tyrus, bzw. auf dem Weg nach Samaria) lokalisiert sind. Wer aus Galiläa kam, war verdächtig. So überliefert das Johannesevangelium, daß Jesus (der Galiläer!) angeklagt wurde, selbst von einem Dämon besessen zu sein (Joh 7,20; 8,48; 10,20). Es wurde also höchste Zeit, das „dämonische" Image Jesu zu korrigieren.

Verteidigung aus der Heimat (zweite Sprechsituation)

Die Jesusbegeisterten versuchten, die Ereignisse in Kafarnaum etwas genauer zu interpretieren. Sie wollten allen zeigen, daß der Wundertäter Jesus etwas Besonderes war, ja vielleicht sogar der Besondere, der „Heilige Gottes", in keinem Fall aber im Pakt mit dem Bösen. So entstand eine neue Fassung der Erzählung von der Dämonenaustreibung, die im Wortstreit der Dämonen mit Jesus das Wesentliche zu Gehör bringt: *„Was haben wir mit dir zu schaffen, Jesus aus Nazaret? Bist du gekommen, um uns ins Verderben zu stürzen? Ich weiß, wer du bist: Der Heilige Gottes! (V. 24)*

Die schroffe Abwendung der Dämonen von Jesus soll auch den Rückschluß auslösen: Jesus hat nichts mit Dämonen gemein. Er ist vielmehr als Vertreter des Reiches Gottes gekommen und wird das Reich des Dämonischen und Kranken beenden. Der ausgetriebene Dämon ist gleichzeitig Vertreter seiner

„Gattung" (daher der seltsame Wechsel zwischen „ich" und „wir"). Der ungewöhnliche Hoheitstitel „Heiliger Gottes" zieht eine Grenze zwischen Jesus und dem Dämonenreich. Er soll die absolute Zugehörigkeit Jesu zur Sphäre Gottes unterstreichen. Das wird deutlich an einer Parallele in der hebräischen Bibel. Simson sagt von sich: *„Ich bin ein Heiliger Gottes vom Mutterschoß an"* (Ri 16,17 in der Fassung der Septuaginta). Er drückt damit aus, daß sein Leben ganz und gar Gott geweiht ist. Im Neuen Testament finden wir diese Bezeichnung für Jesus nur noch in Joh 6,69 und Apg 3,14. Die Einzigartigkeit des Begriffes im Markusevangelium spricht dafür, daß dieser Titel tatsächlich von denen geprägt wurde, die lange vor Markus die Austreibungsgeschichte erzählten. Möglicherweise schwingt darin auch ein Wortspiel mit: „Nasiräer" nannte man einen Menschen, der sein Leben ganz Gott weihte. Jesus, der *Nazarener* sollte als *Nasiräer* verstanden werden!

Zusammenfassend lassen sich folgende Aussagen und Überlieferungen der „zweiten Sprechsituation" erkennen:

☐ eine Erinnerung an die Predigt des frommen Jesus aus Nazaret

☐ eine Dämonenaustreibung, anhand derer die göttliche Beauftragung Jesu deutlich wurde

☐ die Heilung der Schwiegermutter des Petrus

Die Predigt des Petrus (dritte Sprechsituation)

Die christliche Tradition überliefert, daß der erste Jünger Jesu sich auf die Heidenmission einließ (Apg 10). Offenbar reiste er dabei bis nach Rom und trieb dort Mission. Um 65 n. Chr. wurde er unter Kaiser Nero hingerichtet. Nachdem Petrus in Kafarnaum gelebt und gearbeitet hatte und auch seine Frau von dort stammte, kann man sich gut vorstellen, daß er die Erinnerungen an die Erlebnisse mit Jesus an diesem Ort gerne zum Teil seiner Missionspredigt machte. Allerdings verlagerte er sicher den Erzählschwerpunkt gegenüber der ersten Verkündigung innerhalb Palästinas. Ihm mußte es darum gehen, möglichst viele Menschen davon zu überzeugen, daß Jesus aus Nazaret nicht einfach einer unter vielen Wundertätern war, sondern der von Gott gesandte Retter und Heiland, in dessen Spuren zu gehen es sich lohnte. Die Frage lautete nicht mehr: Paßt Jesus aus Nazaret in die jüdische Erwartung des Messias? Vielmehr ging es darum, den Vergleich mit anderen Heilsbringern und religiösen Gestalten Roms anzutreten. Die Heilung der Schwiegermutter in ihrer ausführlicheren (und dennoch knappen) Gestalt faßt die Missionsbotschaft erzählerisch zusammen: Jesus heilt „handgreiflich". Er ergreift einen Menschen zu dessen Heil. Die Ergriffene hält die Verbindung: Die Formulierung: „...und sie diente ihnen" kann als Ausdruck der Nachfolge verstanden werden. Die Geheilte wurde zu einer Jüngerin Jesu und damit zu einer Vorbild-Figur in der Mission. Ihr Beispiel soll andere ansprechen und sagen: Heilung zu erfahren ist ein Grund für Glauben und Nachfolge. Auch die Umkehrung stimmt: Wer an Jesus glaubt und seiner Botschaft folgt, wird Heilung erfahren. Ob Petrus in seiner Predigt auch von anderen Heilungen in Kafarnaum erzählte, kann aus dem Text nicht entnommen werden, da die Verse 32-34 und die separate Heilungserzählung (35-45) ganz die Handschrift des Evangelisten tragen. Es ist aber durchaus wahrscheinlich, daß Petrus sein Bild des gekommenen Heilands durch Verweise auf weitere Heilungen stützte.

Nachweisbar ist die Tatsache, daß sich zwischen Rom und Kafarnaum im Laufe der ersten beiden Jahrhunderte eine intensive Beziehung entwickelte. Graffiti an den Wänden des Petrushauses, wie es vom Ende des 1. Jh. n. Chr. bis ins 2. Jh. existierte, zeigen Pilgerinschriften von Christen, die aus Rom nach Kafarnaum gekommen sind, um die Wohnstätte des Petrus zu besuchen und den Ort zu verehren, an dem sich soviel Heiliges abgespielt hat.

Stille

locke die leise Stimme in mir
überlagerte Sehnsuchtsmelodie
der allgegenwärtigen Hektik zu entkommen
und leite mich in dein Haus
abseits vom Markt der Eitelkeiten
deinen sanften Mantel lege um mich
löse die Versuchungen vorn zu sein
den Gepriesenen anzugehören
in deinem heilsamen Strömen
fern der grellen Töne
der schreienden Lichter

mute mir zu
mir selbst
auf die Spur zu kommen

Christa Peikert-Flaspöhler

**Die Petruspredigt im Markusevangelium
(vierte Sprechsituation)**

Ob der Evangelist Markus wirklich ein zeitweiliger Begleiter des Apostels Petrus war oder nicht, mag dahingestellt bleiben. Sicher ist, daß ihm an der Person des ersten Jüngers und an seinem Wohnsitz Kafarnaum viel lag. So räumte Markus dem „Tag von Kafarnaum" einen hervorragenden Platz in der Gesamtkomposition seiner Schrift ein.

Nach der Einleitung mit der Erzählung über den Täufer bis zur Berufung der ersten Jünger beginnt mit den Worten *„Und sie wanderten hinein nach Kafarnaum..."* sozusagen der „praktische Teil" des Evangeliums. Hier wird zum ersten Mal spürbar, wer der ist, über den die Stimme aus dem Himmel sprach (Mk 1,11). Hier beweist Jesus, daß seine göttliche Kraft die Versuchung des Dämonischen (vgl. Mk 1,12) Tag für Tag überwinden kann. Von diesem Ort aus beginnt sich seine Botschaft unaufhaltsam auszubreiten. Welche Veranlassung hatte Markus wohl, sein Evangelium auf diese Weise zu schreiben? Seine Leser waren zunächst die Gemeindeglieder in Rom. Es wird vermutet, daß es innerhalb der römischen Gemeinde zu Meinungsverschiedenheiten darüber gekommen war, wie Jesus als Mensch, als Wundertäter und als Sohn Gottes zu verstehen sei. Nimmt man die Bemühung des Evangelisten ernst, immer wieder auf die Göttlichkeit Jesu und auf den Siegeszug seiner Botschaft aufmerksam zu machen, wird man darin eine Abwehr allzu flacher und banaler Deutungen der Taten und Worte Jesu erkennen. Vor allem die Vollmacht seiner Worte ist Markus wichtig. In diesem Sinne bearbeitet er die Petruspredigt und fügt einige Sätze hinzu, die dem ganzen eine neue Zielrichtung geben. Zunächst bringt der Evangelist die Überlieferung der Wundertaten Jesu in den Zusammenhang mit seiner „Lehre":

*Und sofort am Sabbat ging er in die Synagoge und lehrte.
Und sie erstaunten sich sehr über seine Lehre. Er lehrte sie*

*nämlich, wie einer der eigene Macht hat, nicht wie die Schrift-
gelehrten* (die sich auf andere Autoritäten berufen) (V. 21).
*Und sie erschraken alle und fragten einander mit den
Worten: Was ist das? Eine neue Lehre in Vollmacht?* (V. 27).

Wenn Sie die erste Erzählstufe mit der Formulierung des
Markus vergleichen, wird Ihnen auffallen, daß sich die abschlie-
ßende Frage grundlegend verändert hat: Stand am Ort des
Geschehens noch die wunderhafte Person des Heilers im Mittel-
punkt („Wer ist das?"), so lenkt der Evangelist den Blick auf die
„Sache", die Lehre Jesu. Nachdem die Verse 21 und 27 die ganze
Austreibungsgeschichte rahmen und damit interpretieren, ge-
winnt sie eine neue Sinnspitze: Jesus erscheint nicht nur als
Wundermann, sondern vor allem als Lehrer. Er ist Lehrer der
Gemeinde, auch nach Ostern. Wer sich an seine Lehre (an das
Evangelium) hält, wird dem Dämonischen und Kranken zu
trotzen vermögen. Denn Jesu Lehre ist nicht irgend eine
menschliche Lehrmeinung, sondern Inbegriff göttlicher Unter-
weisung. Diese Sicht ergibt sich aus dem größeren Kontext des
Markusevangeliums. Darin läßt sich die Frage, wer Jesus sei,
niemals trennen von der Frage nach seiner Botschaft. Beide
führen zur selben Antwort: Jesus ist der von Gott gesandte Sohn,
der uns die göttliche Lehre gebracht und diese Lehre durch
Machttaten bestätigt hat.

Mk 1,11	Taufe = Einsetzung	*„Du bist mein geliebter Sohn... an dir habe ich Gefallen gefunden."*
9,7	Verklärung = Lehrauftrag	*„Das ist mein geliebter Sohn, auf ihn sollt ihr hören!"*
15,39	Tod = Anerkennung	*„Wahrhaft, dieser Mensch war Gottes Sohn"*

Markus fügt an die einzelnen Abschnitte „Verbreitungsnoti-
zen" an:

30 *Und sein Ruf verbreitete sich rasch im ganzen Gebiet von Galiläa (V. 28).*

Und als sie ihn fanden, sagten sie zu ihm: Alle suchen dich! Er antwortete: Laßt uns anderswohin gehen, in die benachbarten Dörfer, damit ich auch dort predige, denn dazu bin ich gekommen. Und er zog durch ganz Galiläa, predigte in den Synagogen und trieb die Dämonen aus (V 37-39).

Gerade der letzte Vers zeigt, wie Lehre und Wunder für den Evangelisten zusammengehören. Das Weitererzählen von Mirakeln allein genügt ihm nicht. Er will nicht für einen Wunderheiler werben, sondern verwendet die Überlieferungen der außergewöhnlichen Taten Jesu dazu, die Kraft seiner Lehre und die Wahrheit seines Anspruchs als Sohn Gottes zu untermauern. Daß es von Anfang an schwer war und auch für die spätere Gemeinde schwer bleibt, sich auf diesen Glauben einzulassen, der eben nicht nur Wunder und Höhepunkte, sondern letztendlich den Weg ans Kreuz zum Inhalt hat, weiß Markus. Vielleicht „bremst" er aus diesem Grund die Schilderung des Siegeszuges Jesu mit Hilfe eines auf den ersten Blick befremdlichen Stilmittels: mit dem Redeverbot, bzw. Schweigegebot für die, die um sein wahres Wesen wissen:

Und er verbot den Dämonen, von ihm zu reden; denn sie wußten, wer er war (V. 34).

Jesu schickte ihn (den Geheilten) weg und schärfte ihm ein: Nimm dich in acht! Erzähle niemandem etwas davon . . . (V. 43).

Die Erzählung von der Heilung eines Aussätzigen (V. 40-45) geht über den Rahmen des „Tages von Kafarnaum" schon hinaus. Sie verdeutlicht aber nochmals, worum es in den vorhergehenden Abschnitten geht: Der Geheilte bekommt keinen Verkündigungsauftrag. Im Gegenteil: Das Wunder an sich soll nicht für sich allein weitergegeben werden (vielleicht will Markus damit einen vordergründigen Wunderglauben kritisieren). Aber offenbar ist es so, daß jemand, der Jesu Kraft gespürt hat, gar nicht anders kann, als von ihm zu erzählen:

Der Mann aber ging weg und erzählte bei jeder Gelegenheit, was geschehen war (V. 45).

Wenn wir von dieser Beobachtung ein paar Verse zurückgehen, stoßen wir nochmals auf drei vom Evangelisten eingefügte Verse:

Am Abend, als die Sonne untergegangen war, brachte man alle Kranken und Besessenen zu Jesus. Die ganze Stadt war vor der Haustür versammelt, und er heilte viele, die an allen möglichen Krankheiten litten, und trieb viele Dämonen aus... (V. 32-34).

Das kann nicht verborgen bleiben. Wo eine ganze Stadt mit der Kraft Gottes konfrontiert wird, wird die Botschaft Kreise ziehen. Der Ort selbst ist im Markusevangelium sehr zwiespältig dargestellt. Jesus besucht ihn dreimal: Sein erstes Auftreten schärft die Aufmerksamkeit der Bewohner (1,21-34). Beim zweiten Mal setzt die Spaltung ein (2,1-17). Beim dritten Mal fällt der Tötungsbeschluß (3,6). Die ganze Auseinandersetzung um Jesus und seine Lehre ist an diesem Ort vorgezeichnet. Der „Tag zu Kafarnaum" wird so zum Paradebeispiel dafür, wie sich allen Widerständen zum Trotz die Botschaft über Jesus und die Lehre von Jesus ausbreitet. In einem Fischerort am See Gennesaret wurde der „rote Knopf" für den Ausbruch des Reiches Gottes gedrückt. Die Initialzündung hat stattgefunden. Seitdem läuft die Kettenreaktion, und keine Macht der Welt kann sie mehr aufhalten. Mit diesem Paukenschlag eröffnet Markus seine Erzählung über Jesus, den Sohn Gottes. Er gibt damit die Frage an seine Gemeinde weiter: Wer ist das, an den wir glauben? Und – ist seine Lehre noch kräftig unter uns?

Bibelarbeit

1. Auf den Bibeltext zugeben: Wichtiges erzählen

Wenn ich über Erfahrungen erzähle, die mir wichtig geworden sind (oder über Menschen, die mich beeindruckt und verändert haben), dann richtet sich die Art und Weise meines Erzählens danach, wer mir zuhört und warum ich es erzähle. Versuchen Sie sich doch einmal an eigene „Sprechsituationen" zu erinnern:

☐ Wem haben Sie schon Wichtiges erzählt?

☐ Was haben Sie erzählt?

☐ Warum haben Sie es erzählt?

☐ Hat die Erzählung etwas bewirkt?

Auch das Weitergeben unseres Glaubens in Familie und Gemeinde ist eigentlich solches „Erzählen von Wichtigem".

☐ Wo geschieht das „Erzählen des Glaubens" in Ihrem Leben?

☐ Sind Sie Hörer oder Sprecher oder beides?

2. Auf den Bibeltext hören: Markus beim Erzählen beobachten

Der Text Mk 1,21-45 sollte allen Teilnehmerinnen und Teilnehmern als Kopie mit breitem Rand für Notizen vorliegen. Jeweils zu zweit werden folgende Beobachtungen durchgeführt und mit Buntstiften im Text markiert, bzw. daneben notiert:

☐ Wo beginnen neue Abschnitte?

☐ Wo wechselt die Sprache mitten im Abschnitt?

☐ Welche Einzelerzählungen enthält der Text?

☐ Welche Themen kommen (wiederholt) vor?

☐ Welche Aussagen über Jesus sind dem Text zu entnehmen?

Erarbeiten Sie anhand der Beobachtungen die im Artikel rekonstruierten „Sprechsituationen" im Text mit den Teilnehmerinnen und Teilnehmern. Jeweils drei oder vier können sich nun eine der Situationen aussuchen und versuchen, das Ambiente dieser Verkündigungsstufe etwas auszumalen (wieviele Zuhörer?

Was für Menschen? Welche Fragen, Themen, Vorwürfe etc. schwingen mit? Reaktionen...). Vielleicht gelingt es sogar, eine oder mehrere dieser Sprechsituationen nachzustellen und zu spielen?

3. Mit dem Bibeltext weitergehen: Selbst erzählen lernen

Wenn wir das Evangelium lesen, besitzt das natürlich einen Wert in sich. Ursprünglich war es aber auch zum Weitererzählen und zum persönlichen Verkünden geschrieben. Laden Sie den Bibelkreis ein, sich auf folgende Situation einzulassen:

Sie werden jeweils zu zweit auf Missionspredigt ausgeschickt. Sie sollen über Jesus am Beispiel der Ereignisse zu Kafarnaum erzählen. Bereiten Sie sich darauf vor, indem Sie folgende Fragen klären:

☐ Wo möchten wir gerne predigen (welchen Menschen)?

☐ Auf welche Fragen soll unsere Predigt antworten?

☐ Welche drei wichtigsten Sätze soll unsere Predigt enthalten?

Tragen Sie einander Ihre „Predigtskizze" vor. Vielleicht wird ja daraus noch einmal eine „richtige" Predigt in Ihrer Gemeinde!?

Wolfgang Baur

mit deinem Echo
im Herzen

als du mit der Schöpfung schwanger gingst
vor den Zeiten
legtest du in das Werden alles hinein
was unsre Sinne und Seele
unser Denken und Handeln
ertasten:
dein Leuchten und Tanzen
dein Lachen und Strömen
dein Lieben und Freuen
dein Warten und Wehen
dein Sehnen und Singen
deine Neugierde auf die Entfaltung
deine Farben und deine Musik
deine unbegreifliche Nähe und Ferne

und wir
leben wissend wie ungewiß
mit deinem Echo im Herzen

Christa Peikert-Flaspöhler

„Der Sabbat ist um des Menschen willen da"

Die Galiläischen Streitgespräche

Konflikte sind in jedem menschlichen Miteinander unausweichlich. Unzählige Möglichkeiten von der Meinungsverschiedenheit bis zum offenen Streit tun sich Tag für Tag auf. Oft machen Konflikte Angst und werden mit den verschiedensten Strategien bekämpft. Nur einige Beispiele aus alltäglichen Dialogen seien dazu aufgezeigt:

„Ich fühle mich sehr mißverstanden und verletzt." – „Was hätten wir als nächsten Tagessordnungspunkt?"

„In der Angelegenheit sollten wir unbedingt noch miteinander sprechen." – „Davon will ich nichts wissen!"

„Ich möchte die Dinge offen auf dem Tisch haben." – „Und was soll dabei herauskommen?"

„Ich halte es nicht mehr aus, wie wir miteinander umgehen!"

– „Wollen wir doch sachlich bleiben! Jetzt mal Punkt für Punkt der Reihe nach."

„So, wie Sie das wollen, geht das ja wohl nicht!" – „Das ist eine Unverschämtheit! Sehen Sie erst mal bei Ihnen selber nach!"

„Könnten wir diese Sache miteinander klären?" – „Was wollen Sie denn, da ist doch alles klar!"

In unserer konfliktgeladenen, so komplexen Welt, in der zudem so viele Menschen dicht nebeneinander wohnen, ist die Fähigkeit, mit Konflikten umzugehen, sehr notwendig und muß oft mühevoll eingeübt werden. So ist Konfliktfähigkeit eine der großen Perspektiven der Psychologie unserer Tage. Im Widerstreit von Zielen, Wertvorstellungen, Haltungen, Charakteren, Lebensstilen usw. glückt es selten genug, das Kraftpotential (im engagiert vertretenen Anliegen spürbar) konstruktiv zu erschließen und zum Lebendigen hin zu öffnen.

Konfliktverhalten im Zusammenhang mit Ursachen und Perspektiven für Entscheidungsprozesse läßt sich in Jesu Wirken in vielfältiger Weise schon gleich am Anfang ganz intensiv beobachten und zieht sich durch sein ganzes Wirken hin. Daraus können sich Impulse für unseren eigenen Umgang mit Konflikten ergeben.

Der Zusammenhang Mk 2,15-3,6

Der Evangelist Markus hat typische Konfliktsituationen im Leben Jesu gleichsam modellhaft in zwei Blöcken in sein Evangelium aufgenommen, einen am Anfang (die sog. „Galiläischen Streitgespräche", 2,15 - 3,6) und einen gegen Ende, vor der Passion (die sog. „Jerusalemer Streitgespräche", Kap. 12). Sie spiegeln allerdings auch schon Auseinandersetzungen der christlichen Gemeinden mit ihren jüdischen Gegnern wider.

Wie schon der „Tag von Kafarnaum" (Mk 1,21-39) Jesu vollmächtiges Wirken gleich zu Beginn seiner Verkündigung zusammenfaßt, so weisen die „Galiläischen Streitgespräche" von Anfang an darauf hin, daß Jesu Wort und Handeln im Sinne der Gottesherrschaft Bisheriges in Frage stellte und Widerspruch bis zur Tötungsabsicht herausfordern mußte.

Sie deuten darauf hin, daß Jesu Anspruch so sehr ins Eigentliche des Religiösen hineingriff, daß es sich für ihn tödlich auswirkte (in 3,6 findet sich der erste Hinweis auf seinen gewaltsamen Tod). Sie zeigen aber auch, wie betroffen Menschen von seiner Lehre und seinem Handeln waren, wie sehr er ihren Lebens- und Glaubensnerv anfragte (Als Gegner aller vier Perikopen werden die „Pharisäer" genannt, die für die Urgemeinde die eigentlichen Gegner waren). Durch seine Komposition macht Markus darauf aufmerksam, daß Jesu Tun von Anfang bis Ende eine Herausforderung ist, die zur gewaltsamen „Entladung" am Ende führt.

38   Eine vergleichende *Übersicht über die formalen Parallelen der Streitgespräche* macht diesen Konflikt sehr deutlich sichtbar (s. Übersicht rechts).

In den vier Perikopen 2,15-17.18-22.23-28; 3,1-6 geht es inhaltlich jeweils um eine Praxis Jesu, die sich von der durch die Tradition geprägten Praxis der Umwelt unterscheidet. Dieses Verhalten Jesu wird von den Gegnern in Frage gestellt, wobei sich die Gegnerschaft in der Folge der Erzählabschnitte steigert: von einer Feststellung gegenüber den Jüngern über eine noch offene Frage und wertende Anfrage („was nicht erlaubt ist") bis zum anklagenden Belauern. Konfliktverhalten kommt in dem Zusammenhang in vielfältigen Formen vor und wird noch einzeln zu untersuchen sein.

Die *Themen,* um die es geht, sind die Tischgemeinschaft mit Sündern (Beziehung zu Mk 2,1-12), die Fasten- und die Sabbatpraxis. Sie spielten in den Urgemeinden eine große Rolle und sind deshalb hier besonders auf die markinische Gemeinde hin transparent. Ihre „freiere" Praxis gegenüber der Praxis der Frommen aus den Pharisäern begründen sie mit der Gegenwart des „Bräutigams", des „Menschensohns" und „Herrn" Jesus unter ihnen. Die Abgrenzung von bisherigen jüdischen Traditionen (z.B. durch den Kontrast „alt" und „neu", vgl. auch Mk 7,1-23: die „Überlieferung der Väter") und die Beanspruchung der Autorität Jesu Christi, die für Christen allein schon eine Änderung der Praxis rechtfertigte, zeigen die tiefen Gräben zwischen den christlichen Gemeinden und den führenden jüdischen Theologen pharisäischer Richtung.

Die *Vollmacht* Jesu, die schon das beherrschende Motiv des „Tags von Kafarnaum" ist, bleibt durch die ganze vormarkinische Streitgesprächsammlung hindurch zentral: der „Arzt" Jesus, der Sünder ruft (2,17), der „Bräutigam", der die Freudenzeit bringt und dadurch das Fasten aufhebt (V 19), der in eschatologischem Sendungsbewußtsein die Zukunft der Gemeinde sieht (V 20) und sein „Neues" gegen das „Alte" abgrenzt (V 21 f), der mehr ist als David und „Herr über den Sabbat" (V 25-28), und der durch

Übersicht über die galiläischen Streitgespräche, Mk 2,15-3,6

	Mahlgemeinschaft mit Sündern (Mk 2,15-17)	Fastenfrage (Mk 2,18-22)	Sabbatfrage (Ähren) (Mk 2,23-28)	Die Heilung am Sabbat (Mk 3,1-6) Normenwunder mit integriertem Streitgespräch
1. anstößige Situation	Tischgemeinschaft mit Sündern und Zöllnern V.15	Jünger des Johannes und Pharisäer fasten, Jünger Jesu nicht V.18a	Jünger reißen Ähren ab am Sabbat (= verbotene Arbeit) V.23	Heilen am Sabbat (= verbotene Arbeit) V.2
2. Einspruch der Gegner	an die Jünger gerichtete Feststellung, V.16	Frage an Jesus: Warum? V.18b-c	Frage an Jesus: Warum? V.24	(nicht ausgesprochen: „beobachten, um zu verklagen"), V.3
3. abschliessende Antwort Jesu	Jesu Antwort an die Gegner mit Sprichwort und Vollmachtswort V.17	Nichtfasten-Begründung und Klugheitsregeln aus dem Kontrast Alt-Neu, VV.19-22	Gegenfrage mit Schriftzitat, Weisheits- und Vollmachtswort VV.25-28	Entscheidungsfrage und Blick an die Gegner und Heilung des Menschen V.4f

seine Anfrage Menschen in die letzte Entscheidung fürs Leben stellt (3,4).

Die Erzählabschnitte im Überblick

Die Tischgemeinschaft mit Zöllnern und Sündern,
Mk 2,15-17:
Zöllner galten zur Zeit Jesu als beispielhaft für Sünder. Man sagte ihnen Betrügereien und gemeinschaftsschädliches Verhalten nach. Die häufig begegnende Verbindung „Zöllner und Sünder" geht aber wohl erst auf die Gemeinden zurück. Denn viele Erzählungen im NT zeigen, wie sehr Jesus sich zu Ausgeschlossenen, vor allem zu Sündern, gesandt weiß, um ihnen Gottes Nähe zu verkünden. Tischgemeinschaft ist für Jesus wie für jeden Juden ein spezifisches Zeichen für die Gemeinschaft, die vor Gott alles teilt und von ihm angenommen ist. Sie wird zum Erkennungsmerkmal seiner Botschaft von der Gottesherrschaft.

Die Fastenfrage, Mk 2,18-22:
Sechsmal durchzieht der Begriff „fasten" die wenigen Verse. Asketisches Verhalten der Johannesjünger und mancher Pharisäer zur Zeit Jesu werden dem nichtasketischen Verhalten der Jünger gegenübergestellt. Die gegenwärtige Zeit des irdischen Jesus wird dabei als Festzeit (der Anwesenheit des Bräutigams) gewertet, während die zukünftige Zeit der christlichen Gemeinden durchaus das Fasten kennt. „An jenem Tag" wird von vielen Experten als Hinweis auf ein schon früh in christlichen Gemeinden übliches Freitagsfasten (mit Blick auf den Tod Jesu) – im Gegensatz zum jüdischen Fasten am Montag und Donnerstag – gedeutet. Das angeschlossene Doppelwort nimmt aus dem Schneider- und Küferhandwerk Bilder der Erfahrungsweisheit auf, um die „Spreng"kraft des Neuen in der Botschaft und Praxis Jesu zu verdeutlichen.

Die Dynamik bzw. innere Kraft der neuen christlichen Botschaft ist so stark, daß sie gefährlich für Altes, schon lange Beanspruchtes wird. Das wird zweifach vor Augen gestellt: Stoff,

Weinschlauch. Die Problematik dieser Abgrenzung liegt darin, daß Bisheriges als „alt" im Sinn von „brüchig, vergänglich, verbraucht" gesehen und abgewertet und schließlich in der weiteren Wirkungsgeschichte oft auch als verworfen betrachtet wird. Was zunächst selbst um Achtung rang, wird schließlich durch Abgrenzung und Abwertung des Bisherigen zum Verachtenden.

Das Ährenabreißen am Sabbat, Mk 2,23-28:
Die Sabbatfrage nahm einen großen Rang in den Auseinandersetzungen der Urkirche mit ihrem jüdischen Gegenüber ein. Sie gehört wesentlich zum Ringen der jungen Christengemeinden um ihr Gesetzesverständnis überhaupt. Der Sabbat ist ein besonders sensibler Bereich, denn er heiligt das Volk Israel, das als einziges von Gott dazu erwählt ist, ihn zu halten. Diese Hochschätzung macht ihn zum „Konfliktpotential".

Ährenraufen eines Hungrigen im Vorübergehen galt als erlaubter „Mundraub" (Dtn 23,26), wird aber hier von einigen sehr frommen Pharisäern, die dem Gottesgebot in jedem Fall folgen wollen, als Erntearbeit verstanden, die am Sabbat ein schweres Vergehen bedeutete. Solche Übertreter zur Rede zu stellen, heißt sehr verantwortungsvoll für die Gemeinschaft handeln. Jesus dagegen übernimmt für das Verhalten der Jünger die Verantwortung. Mit anderen Worten: Die Jüngergemeinde kann ihr freieres Verhalten am Sabbat nur auf Jesu Praxis und Souveränität gründen. Jesus entschuldigt sich nicht; er entschuldigt auch David nicht, wie dies schon lange vor ihm geschah (z.B. mit Hilfe von Lev 24,8), sondern er nimmt die Ausnahmesituation Davids für die alltägliche Situation im Jüngerkreis mit der ihm eigenen Autorität in Anspruch. Das Konfliktträchtige besteht also nicht darin, daß hier eine Ausnahme von den Sabbatgesetzen begründet wird, sondern daß alte Sabbatpraxis, die nicht dem Menschen dient, in Frage gestellt wird. „Der Sabbat ist um des Menschen willen". Diese Überzeugung findet sich auch in jüdischer Überlieferung, wahrscheinlich auch schon zur Zeit Jesu. Zitiert wird dafür in der Literatur meist Rabbi Schimeon ben

Menasja (ca. 180 n.Chr.) mit dem Satz „Euch ist der Sabbat übergeben, und nicht ihr seid dem Sabbat übergeben" (Mekh Ex 31,13f). Sowohl bei Jesus als auch bei Rabbi Schimeon bestimmt also die Perspektive Gottes das Handeln.

Aber ist diese für Menschen immer so eindeutig? Wer bestimmt, was jeweils dem Leben dient und gottgewollt ist? Vers 28 sagt, daß die christliche Gemeinde sich als Maßstab auf Jesu Autorität, auf sein Gott-nahe-Sein, berufen und stützen kann.

Die Heilung der verdorrten/erstarrten Hand, Mk 3,1-6:

Formal liegt die Mischgattung eines Normenwunders vor, das sich aus einem Wunder und einem Streitgespräch über eine Norm (Sabbatruhe) zusammensetzt. Der Zusammenstoß mit den Gegnern überlagert hier die Heilungsgeschichte.

Zu den Motiven der Wundergeschichte gehören: Auftreten des Wundertäters und Heilsbedürftigen, die Vorbereitung der Tat (in die Mitte stellen), die Heilung (durchs Wort) und die Demonstration der Heilung. Zu den Motiven des Streitgesprächs gehören das „Beobachten" der Gegner, Jesu Frage und Gefühle, die verweigerte Antwort und der Tötungsbeschluß der Gegner.

Von vornherein ist klar, daß hier keine Ausnahmesituation gegeben ist, wo Leben vor Einhaltung des Sabbats ginge, sondern ein klar provozierendes Verhalten Jesu, dem ein schwerwiegendes Anliegen zugrunde liegen muß (dazu später).

Jesus treibt die Situation weiter in den Konflikt mit seiner zuspitzenden Frage vom „Leben retten oder töten", um die es auf den ersten Blick ja nicht geht. Der heilungsbedürftige Mensch ist nicht in Lebensgefahr. Für Jesus aber wird die Frage „Was dient dem Leben?" zur un-bedingten, d.h. gar keinen Bedingungen mehr unterworfenen, auch nicht dem Sabbatgebot.

Leben stärken bricht jedes andere Gebot, wird zur unbedingten Norm des Handelns. Jede Zeit, die ein armer Mensch leidet, ist zu viel , gemessen am un-bedingten Heilswillen Gottes (vgl. die Heilung der gekrümmten Frau am Sabbat, Lk 13).

Die Gegner verweigern die offene Auseinandersetzung („Schweigen"). Die Betroffenheit Jesu darüber kommt in seiner starken Emotion (Zorn und Betrübnis zugleich) zum Ausdruck. Un-bedingter Anspruch und absolute Kompromißlosigkeit hat tödliche Gegnerschaft derer zur Folge, die mit ihrem Befolgen von tradierten göttlichen Bedingungen auch einen Anspruch setzen. Daß Jesus sich daraus herauslöst, ist für sie nicht tragbar. Deshalb bleibt für sie als Konsequenz nur sein Tod, damit das Gebot wieder gilt und sich keiner außerhalb stellt.

Mk 3,6 will den Lesern und Nachfolgern des Evangeliums ein frühes Bewußtsein des tragischen Schicksals Jesu mit auf den Weg geben. Vollmacht und Freiheit haben einen hohen Preis.

Im folgenden soll ein genauerer Blick geworfen werden auf das Konfliktgeschehen und das brennende Anliegen dahinter, das solche Leidenschaft des Verhaltens bewirkt.

Konfliktverhalten Jesu und seiner Gegner

Widerspruch begleitet Jesu Verkündigung von der Gottesherr-schaft durchweg und wird in der kleinen Streitgespräch-sammlung exemplarisch vorgestellt. Konflikte entstehen überall, wo jemand sich durch Äußerungen oder Verhaltensweisen unterscheidet und dies von der anderen Seite als unvereinbar mit dem Eigenen empfunden wird. Ordnungen, Wertgefüge sind verunsichert, eine Orientierung dadurch erschwert.

Für die eigene Einstellung zum Konflikt ist für uns zunächst die äußere Wahrnehmung entscheidend: ob Menschen hinsehen oder wegschauen, ob sie Konflikte erkennen und angehen oder verdrängen, ob sie damit umgehen oder davor flüchten. Sodann ist auf die Gefühlslage (mehr ängstlich-hilflos oder mutig-entschlossen) und die Verhaltensstrategie zu achten. Der Konflikt mit den Pharisäern ist zunächst mehr am äußeren Verhalten ab-lesbar, wird aber auch im Innenbereich der Gefühle dargestellt.

Äußerlich wahrnehmbar tritt der Konflikt seitens der Gegner durch den Hinweis auf Jesu Verhalten gegenüber anderen (2,17) in Erscheinung oder auch durch direkte Warum-Anfragen an Jesus, die aber das Verhalten seiner Jünger betreffen (2,18.24).

morgens

wenn du erwachst
den Schlaf noch in den Augen
die vorgeschriebenen Zeilen des Tages
liest
Unlust und Mißtrauen mächtig sind
erlaube der Hoffnung
den Plan und die Zwischenräume
auszuleuchten
am Frühstückstisch dann
gewähre der schüchternen Zuversicht
Redezeit
und
bevor du die Haustür ins Schloß
fallen läßt
halte inne:
Segen will dich berühren

Christa Peikert-Flaspöhler

46 Beim zweiten Fall machen sie die Norm geltend, an der dieses Verhalten zu messen ist: „am Sabbat ist nicht erlaubt ...". Weiterhin beobachten sie, um anklagen zu können; sie schweigen, sie gehen hinaus und verbünden sich mit anderen (den verhaßten Herodianern) und fassen den gemeinsamen Todesbeschluß. Seitens Jesu wird der Konflikt äußerlich sichtbar in seinen Antwort-Sprüchen – Erfahrungsweisheiten und Bibelzitaten –, in der Abgrenzung (z.B. „niemand tut ..., sondern ..."), im Anspruch („also ist Herr der Menschensohn ..."), im vielseitigen Wahrnehmen des Vorgehens um ihn herum, im Fragen, im Zeigen der Gefühle („anblicken voll Zorn") und Heilen.

Eine *innere* Sicht des Konflikts scheint nur zweimal auf: dort, wo die Gegner „beobachten, um zu verklagen" und dort, wo Jesus zugleich „voll Zorn und tiefbetrübt über die Verhärtung ihrer Herzen" ist. Diese wenigen Worte zur Gefühlslage lassen bei beiden Parteien ein aktives Umgehen mit dem Konflikt erkennen. Die einen messen ihren Gegner am eigenen, der Norm entsprechenden Verhalten: Ihr Blick ist darauf festgelegt und ausschließlich darauf gerichtet, danach zu werten und darauf zu verpflichten. Der Blick des anderen, Jesus, nimmt die Beziehung auf, reagiert auf ihr blockierendes, verweigerndes Verhalten durch Schweigen mit den stärksten gegensätzlichen Gefühlen: mit hoher Aggression („Zorn") und tiefer Depression („tief betrübt") zugleich. Das bedeutet zum einen, daß er seine Gefühle zulassen und äußern kann, und zum anderen, daß es ihm um etwas absolut Wichtiges geht, woran er bis ins Tiefste hängt. In seiner Ohnmacht, hervorgerufen durch die verweigerte Kommunikation, kann er sich schließlich nur noch dem hilfsbedürftigen Menschen zuwenden.

Damit ist schon ein erster Blick auf Konfliktstrategien bzw. Kommunikationsmuster im Konflikt geworfen. In den vier Erzählabschnitten finden wir einige Varianten, die für die (Nicht-) Konfliktbewältigung eine Rolle spielen, obwohl es sich um typisierte literarische Formen handelt.

Bei den Gegnern findet sich:

- □ ein indirekter, an die Jünger gerichteter Kommentar: „Mit den Zöllnern und Sündern ißt er!"
- □ eine offene Frage an Jesus: „Warum fasten ... und deine Jünger nicht?"
- □ ein Hinweis aufs Geschehen und eine offene Frage und Kritik an Jesus: Sieh, warum ..., was *nicht erlaubt ist.* "
- □ ein bewertendes Schauen mit Handlungsabsicht: „beobachteten, um zu verklagen",
- □ ein Sich-entziehen: „Schwiegen"
- □ ein abgrenzendes („und gingen hinaus"),
- □ Verstärkung suchendes Handeln („mit den Herodianern einen Beschluß"),
- □ mit eliminierender Lösungsabsicht („vernichten").

Insgesamt zeigt sich neben wenig Sich-offen-stellen viel Verborgenes und Sich-Abschotten. Das „verhärtete Herz" deutete auf wenig Elastizität.

Jesus dagegen stellt sich offen, sucht die Auseinandersetzung, zeigt vielfältiges Konfliktverhalten:

- □ Den Kommentar der Gegner zum Verhalten der Jünger beantwortet er selbst, (2,17), weil es eigentlich eine Anfrage an ihn ist.
- □ Die Anfrage wegen des Fastens beantwortet er mit der positiven Deutung seiner Zeit als eschatologisches (Hochzeits-)Fest und mit dem Hinweis auf die (Spreng)Kraft der neuen Gottesherrschaft im Verhältnis zum Althergebrachten. Letzteres enthält eine eindeutige Abgrenzung: Bisheriges Verhalten und die neue Haltung der inneren Freiheit schließen einander aus.
- □ Beim Ährenausraufen zeigt er, daß er Schrifttraditionen der Vergangenheit für die Gegenwart zu aktualisieren weiß. Zugleich macht er die Grundlage seines Verhaltens offenbar: das Heil des lebendigen Menschen ist das Maß, nicht eine Norm an sich.

☐ Er steuert aktiv und bewußt auf eine Konfrontation hin, als er den Menschen provozierend und zeichenhaft in die Mitte stellt.

Ebenso fordert er mit seiner Alternativfrage: „Gutes tun oder Böses tun, retten oder töten" heraus. Indem er sie zur Lebensfrage macht, treibt er den Konflikt auf die Spitze. Er wirkt als „Beschleuniger" des Prozesses und treibt gleichsam als Katalysator erst zur Ent-Scheidung, zur Scheidung von „Gut" und „Böse". Damit wird offenbar, was bei den Gegnern verborgen ist. Aber auch die Folgen treten um so schneller und verheerender in Kraft.

Man fragt sich, ob statt des starken Gefühlsimpulses Jesu und seiner Provokation vielleicht etwas anderes „das verhärtete Herz" der Gegner hätte erreichen können? Will Jesus einfach für die Aufmerksamen sichtbar machen, welch Tödliches hinter solchem festhaltenden „Beobachten" liegen kann, was uns das Evangelium als Lesern eindringlich vor Augen stellt: uns für das Leben und Heil des Menschen zu entscheiden und solche Verhaltensweisen an uns selbst hinter uns zu lassen? Obwohl Jesus eine vielseitige Kommunikation herbeiführt (mit dem Menschen, dessen Heilsbedürftigkeit er sieht und an dem er Heil wirkt; mit der Frage an die Gegner, den Blick ringsum, den Gefühlen), gelingt eine Konfliktbewältigung nicht. Die Auseinandersetzung zeigt in aller Klarheit, daß aus der Sicht der Gegner dieses „andere" Jesu keinen Platz hat. So zeichnet sich der Weg in die Passion unausweichlich ab; das Kreuz wirft im Markusevangelium seinen langen Schatten voraus bis 3,6. Das Jesus Wichtigste und das seinen Gegnern Bedeutendste scheint von Anfang an unvereinbar. Jesu starkes Gefühl hat dies in der Spannung von Bewegen-wollen und Ohnmächtig-sein schon zu Beginn wahrgenommen. Verhärtete Extremitäten wie die verdorrte Hand sind leichter in ihrem Unheilsein anschaubar und treffen nicht so tief wie verhärtete Herzen. Ersteres ist daher auch leichter heilbar. Das letztere braucht ungleich mehr innere freie Beteiligung und Sich-riskieren.

Der Mensch in der Mitte als Maß?

Viermal tritt Jesus in den Streitgesprächen zugunsten von konkreten Menschen und deren Verhalten gegen geübte Gesetzespraxis ein. „Um des Menschen willen", das ist nach 2,27 sein Kriterium für Haltungen und Ver-halten. Am „in der Mitte" aufgerichteten Menschen stellt er seine Entscheidungsfrage um Lebensrettung oder -tötung. Hier ist die Mitte seines Selbstverständnisses und Gottesverständnisses berührt. Hier geht es nicht, wie vielfach unterstellt, um eine Ego-zentrik des Menschen, der willkürlich keine Gesetze mehr befolgt. Es geht vielmehr darum, daß Jesus den heilsbedürftigen, „gehandicapten" Menschen in die Mitte stellt. Um dieses Menschen willen, der sein Leben nicht in ganzer Fülle leben kann, handelt er. Der „Mensch" ist im Text der einzige, der nicht handelt, der einfach nur da ist, und dessen Handlungsfähigkeit erst wieder hergestellt wird. Ebenso macht die Antwort Jesu in bezug auf Zöllner und Sünder deutlich, daß es ihm mit seinen Tischgemeinschaften auch um Heilsein geht. Auch beim Fasten und Ährenausraufen legt er Wert darauf, daß Gesetze nicht einfach „blind" erfüllt werden, weil sie da sind, sondern daß sie um der Menschen willen zum Heil dienen sollen und nur unter Beachtung der konkreten Situation und Menschen Anwendung finden dürfen.

Seine *Perspektive* in bezug auf Gesetze ist gleichsam konsequent die Perspektive Gottes. Gottes Wille aber ist das Heil der Menschen. Das macht Jesus mit seiner provozierenden Tat, mit der er den heilsbedürftigen Menschen in die Mitte stellt, anschaulich. Seine sonst nirgendwo so offen gezeigten Gefühle lassen uns ahnen, daß es hier um das innerste Verständnis seiner Sendung geht. Deshalb weicht er hier um keinen Schritt zurück in Richtung auf einen Kompromiß, sondern hält mit solcher Entschiedenheit an seiner Sicht fest. Diese Sicht – gleichsam ein Schauen mit den Augen Gottes – gibt ihm zugleich diese außergewöhnliche innere Freiheit und Klarheit im Umgang mit dem Gesetz, das von seinem inneren Sinn erspürt wird.

Der nahe Gott und das Gesetz

Nicht von ungefähr sind Sabbatheilungen und -konflikte sehr häufig in den Evangelien und bestimmen das Markusevangelium von Jesu erster Tat an. Jesus scheint gerade am Sabbat verdeutlichen zu wollen, worum es ihm in seiner Gottesbeziehung und in seinem Verständnis vom geoffenbarten Gotteswillen in den Gesetzen geht.

Der Sinn des Sabbats wird in Israel zweifach begründet:

☐ im Buch Exodus mit der Teilhabe an Gottes Vollendung der Schöpfung im Ruhen am „7. Tag" (vgl. Ex 20, 8-10);

☐ im Buch Deuteronomium (sozial) mit der Herausführung aus der Versklavung Ägyptens in die Freiheit (Dtn 5,12-15). Deshalb sollen alle Geschöpfe diesen Tag der Freiheit und des Aufatmens erhalten. An diesem einen Tag hat der Mensch teil an der Perspektive Gottes, an seinem Heilshandeln an Menschen.

Von diesem inneren Verständnis her wird Jesu Verhalten transparent. Menschen, die durch ihre körperlichen und seelischen Gebrechen belastet sind, können nicht wirklich als Fehlerhafte oder Kranke die Vollendung der Schöpfung feiern oder gar Befreiung. Deshalb handelt Jesus sogar bevorzugt am Sabbat, um sichtbar zu machen, wie ganz und gar Gottes Heilshandeln jetzt angebrochen ist, wie Menschen zur Teilhabe an Gottes Heilshandeln fähig werden und so in tiefer Weise auch den Sabbat wirklich feiern können, der Gottes Geschenk zum Heil der Menschen ist, nicht ihre Leistung um seinetwillen.

Jesus lebt damit bewußt, was seine jüdischen Vorväter und -mütter im Glauben längst als Israels Kostbares und Einzigartiges erfahren hatten: „Welch große Nation hätte Götter, die ihr so nah sind, wie Jahwe, unser Gott, uns nah ist, wo immer wir ihn anrufen? Oder welche große Nation besäße Gesetze und Rechtssätze, die so gerecht sind wie alles in dieser Weisung, die ich euch heute vorlege?" (Dtn 4,7f). Er lebt die Nähe Gottes zu den Menschen seines auserwählten Volkes, und er lebt und urteilt vom inneren Sinn der Weisungen her: das Heil für die Menschen. Damit fragt er in der jeweils sich ändernden Realität Unhinterfragtes, menschliches für eine jeweilige Zeit gültiges Umgehen mit dem Gesetz, immer wieder auf die Gegenwart des heilungsbedürftigen und versklavten Menschen an. Darin liegt eine ungeheure Lebendigkeit. „Die Tora ist (für ihn) das Medium, in dem die Einheit Gottes und die Vielfalt der Erfahrungs- und Wirklichkeitsbereiche zusammengebracht werden" *(Frank Crüsemann)*.

Darum geht es bei den Auseinandersetzungen am Sabbat. Darum wird mit ungeheurer innerer Kraft gerungen. Die Streitgespräche fordern uns heraus, unsere Perspektive durch den, dem lebendigen Menschen immer neu nahen Gott verändern zu lassen.

Bibelarbeit

1. Auf den Bibeltext zugehen

Brainstorming: Welche 10 Begriffe fallen den TeilnehmerInnen (TN) bei einer kurzen Besinnung spontan zum Wort „Konflikt" ein? Die TN notieren diese Begriffe hintereinander auf einem Zettel. In einem zweiten Schritt, der erst danach angekündigt wird, überlegen die TN, welche sie davon als positiv (+) oder negativ (-) oder neutral (0) empfinden.

Kurzer Austausch über erste kleine Beobachtungen (15 Min.)

Vertiefende Reflexion der TN: Welche Themen oder Verhaltensweisen fordern mich zum Widerspruch heraus oder sind besonders geeignet, Konflikte entstehen zu lassen? Welche Strategien beobachte ich?

Untergruppengespräch dazu (15 Min.)

Im folgenden leitergeführten Rundgespräch gemeinsam (auf Plakat?) sammeln:

Welche Konfliktverhaltensweisen Jesu kennen wir? Was heißt das im Blick auf ihn? (z.B. Frage an den Knecht in der

Passion: „Warum schlägst du mich?", Umstürzen der Tische der Tempelhändler, Schreiben mit dem Finger im Sand, Forderung der Feindesliebe ...

2. Auf den Bibeltext hören

Je nach Zeit und Anliegen entweder den Text aller Galiläischen Streitgespräche Mk 2,15-36 zugrunde legen oder nur Mk 3,1-6.

1. Schritt: Kurze Einführung durch die Leitung in den Zusammenhang, in den der Textabschnitt gestellt ist.

2. Schritt: Den Text mehrfach hören, einmal aus der Sicht der Gegner Jesu, einmal aus Jesu Sicht, einmal aus der Sicht der Betroffenen (Jünger oder gehandicapter Mensch). Erste Beobachtungen teilen.

3. Schritt: Die TN stellen in Partnerarbeit zusammen (evtl. durch Herausstreichen mit verschiedenen Farben)
- ☐ Ausdrücke, die äußerlich von dem Konflikt Sichtbares wiedergeben
- ☐ Äußerungen, die innere Gefühlslage betreffend
- ☐ Konfliktverhaltensweisen (-strategien) der Gegner Jesu und Jesu
- ☐ Gründe der beiden Parteien, die letztlich zu solchen tragischen Konsequenzen führen.

Die Ergebnisse werden zusammengetragen und im Gespräch vertieft (Unter Umständen hilft dabei die vorausgehende Übersicht über die vier Perikopen).

Die Leitung regt ein Gespräch über die Bedeutung des jüdischen Tora- (bzw. speziell Sabbat-)Verständnisses an und über die Frage, welchen Stellenwert es im Blick auf den heilsbedürftigen Menschen an dieser Stelle hat.

Alternative 1: Die TN halten eine kurze Stille: Wo hat mich eine Botschaft des Textes im Blick auf das eigene Konfliktverhalten besonders berührt? Daraus, wenn möglich, einen Satz als Botschaft an die Gruppe geben:

Mein Jesus sagt: ..., Markus spricht mich als LeserIn an: ... Ich als N.N. möchte zu Jesus / dem Menschen / den Gegnern sagen: ...

Alternative 2: Vertiefendes Rollengespräch:

Die TN entscheiden sich – je nach persönlicher Betroffenheit oder Herausforderung in der Textarbeit und Öffnungsphase – für eine Gruppe:

☐   Jesus

☐   Gegner Jesu

☐   fragende, heutige Menschen im Blick auf diesen Textabschnitt

Die TN äußern als „Ich" ihre Gedanken / Fragen / Einwände aus der jeweiligen Rolle. Wie in einem inneren Gespräch mit sich selbst müssen aber nicht alle Fragen und Widersprüche beantwortet werden. Es geht vielmehr um einen vertiefenden Dialog mit dem Bibeltext und eine persönliche Auseinandersetzung, damit es nicht beim bloßen distanzierten Analysieren bleibt.

Evtl. ein abschließendes Lied, z.B. „Wo Menschen sich vergessen" oder „Wenn einer zu reden beginnt" oder „Gott gibt sein Wort nicht dazu, daß es seine Menschen trennt".

Anneliese Hecht

segne mich

segne meinen Schmerz und
mein Versagen
segne mein Erschrecken
bei dem Bild
wie mich andere erblicken
segne meine abgetauchten Fragen
segne alle, die es mit mir wagen

laß mich nicht ersticken
an der ungestillten Sehnsucht
Freundschaft und Verstehen
zu erwecken

segne mich
damit ich segnen kann

Christa Peikert-Flaspöhler

„Dein Glaube hat dir geholfen"

Wunder im Markusevangelium

Jeder und jede von uns kann sich vielleicht an eine Situation im Leben erinnern, in denen wir das Gefühl hatten, am absoluten Tiefpunkt angelangt zu sein. Angesichts von Problemen am Arbeitsplatz, in der Partnerschaft, in der Erziehung der Kinder, dem Verhältnis zu den eigenen Eltern, angesichts von Erfahrungen mit Tod, Krankheit, Arbeitslosigkeit und Alleinsein, haben viele den Eindruck, in einer verfahrenen Situation zu stecken, in der nichts mehr weitergeht.

Ein Wundergeschichte aus dem Markusevangelium hat es mir in diesem Zusammenhang besonders angetan, da sie in zwei ineinander verwobenen Erzählsträngen von Lebenssituationen von Menschen erzählt, in denen alles zu Ende, hoffnungslos zu sein scheint und in denen dennoch neues Leben möglich wird. Es handelt sich um die Erzählung von der Heilung der blutflüssigen Frau und von der Auferweckung der Tochter des Jairus (Mk 5,21-43).

Heute von Wundern sprechen?

In Bibelarbeiten und Gesprächen zu dieser Stelle habe ich über die Jahre hinweg lernen können, daß es auch heute noch möglich sein kann, von Wundern zu sprechen. In Situationen, die denen der Frau gleichen – ausweglos, am Ende, mit großen Verlusten, bekommen Menschen doch noch einmal Kraft zu handeln, sich nochmals vorzuwagen und eine heilende Antwort zu erhalten, eine heilsame und not-wendende Erfahrung zu machen.

Oder jetzt als Mutter einer zwölfjährigen Tochter verstehe ich im Gespräch mit anderen Eltern plötzlich den Jairus gut, der von außen Hilfe braucht, als seine zwölfjährige Tochter sich ihm zu entziehen droht. In seiner Bitte und Geste liegt die ganze Angst, das geliebte Kind zu verlieren. Und dann, als alles völlig zu Ende zu sein scheint, macht er die Erfahrung, daß das Kind wieder zurückkehrt, daß gemeinsames Leben – denn nichts anderes soll das Essengeben am Schluß der Erzählung ausdrücken – wieder möglich wird.

Jesus fuhr im Boot wieder ans andere Ufer hinüber, und eine große Menschenmenge versammelte sich um ihn. Während er noch am See war, kam ein Synagogenvorsteher namens Jairus zu ihm. Als er Jesus sah, fiel er ihm zu Füßen und flehte ihn um Hilfe an; er sagte: Meine Tochter liegt im Sterben. Komm und leg ihr die Hände auf, damit sie wieder gesund wird und am Leben bleibt. Da ging Jesus mit ihm. Viele Menschen folgten ihm und drängten sich um ihn. Darunter war eine Frau, die schon zwölf Jahre an Blutungen litt. Sie war von vielen Ärzten behandelt worden und hatte dabei sehr zu leiden; ihr ganzes Vermögen hatte sie ausgegeben, aber es hatte ihr nichts genutzt, sondern ihr Zustand war immer schlimmer geworden. Sie hatte von Jesus gehört. Nun drängte sie sich in der Menge von hinten an ihn heran und berührte sein Gewand. Denn sie sagte sich: Wenn ich auch nur sein Gewand berühre, werde ich geheilt. Sofort hörte die Blutung auf, und sie spürte deutlich, daß sie von ihrem Leiden geheilt war. Im selben Augenblick fühlte Jesus, daß eine Kraft von ihm ausströmte, und er wandte sich in dem Gedränge um und fragte: Wer hat mein Gewand berührt? Seine Jünger sagten zu ihm: Du siehst doch, wie sich die Leute um dich drängen, und da fragst du: Wer hat mich berührt? Er blickte umher, um zu sehen, wer es getan hatte. Da kam die Frau, zitternd vor Furcht, weil sie wußte, was mit ihr geschehen war; sie fiel vor ihm nieder und sagte ihm die ganze Wahrheit. Er aber sagte zu ihr: Meine Tochter, dein Glaube hat dir geholfen. Geh in Frieden! Du sollst von deinem Leiden geheilt sein. Während Jesus noch redete, kamen Leute, die zum Haus des Synagogenvorstehers gehörten, und sagten (zu Jairus): Deine Tochter ist gestorben. Warum bemühst du den Meister noch länger? Jesus, der diese Worte gehört hatte, sagte zu dem Synagogenvorsteher: Sei ohne Furcht; glaube nur! Und er ließ keinen mitkommen außer Petrus, Jakobus und Johannes, den Bruder des Jakobus. Sie gingen zum Haus des Synagogenvorstehers. Als Jesus den Lärm bemerkte und hörte, wie die Leute laut weinten und jammerten, trat er ein und sagte zu ihnen: Warum schreit und weint ihr? Das Kind ist nicht gestorben, es schläft nur. Da lachten sie ihn aus. Er aber schickte alle hinaus und nahm außer seinen Begleitern nur die Eltern mit in den Raum, in dem das Kind lag. Er faßte das Kind an der Hand und sagte zu ihm: Talita kum!, das heißt übersetzt: Mädchen, ich sage dir, steh auf! Sofort stand das Mädchen auf und ging umher. Es war zwölf Jahre alt. Die Leute gerieten außer sich vor Entsetzen. Doch er schärfte ihnen ein, niemand dürfe etwas davon erfahren; dann sagte er, man solle dem Mädchen etwas zu essen geben.

Ein Wunder, das „typisch Markus" ist?

Es gibt auffallend viele Wundererzählungen im Markusevangelium. Die meisten Wunder sind in Kap. 1-9 zu finden, in Galiläa mit Überschreiten der Grenzen. Ab 10,1 gehen Jesus und seine Jünger hinauf nach Jerusalem. Nach der dritten Leidensankündigung und Nachfolgebelehrung im 10. Kapitel wird nur noch von der Heilung des blinden Bettlers Bartimäus berichtet. Danach finden wir in der Komposition des Markusevangeliums keine Wunder Jesu mehr.

Markus dokumentiert also in den ersten neun Kapiteln sozusagen „auf Schritt und Tritt", daß mit Jesu Taten die Gottesherrschaft anbricht.

Mk 1,21-28 Heilung eines Besessenen
Mk 1,29-39 Heilung der Schwiegermutter des Petrus und vieler Kranker und Besessener
Mk 1,40-45 Heilung eines Aussätzigen
Mk 2,1-12 Heilung eines Gelähmten
Mk 3,1-6 Heilung eines Menschen mit einer verdorrten Hand
Mk 3,7-12 Heilungen vieler
Mk 4,35-41 Stillung des Seesturms
Mk 5,1-20 Heilung des Besessenen von Gerasa
Mk 5,21-43 Die Heilung der blutflüssigen Frau und Auferweckung der Jairustochter
Mk 6,30-44 Die Speisung der Fünftausend
Mk 6,45-52 Jesu Gang auf dem Wasser
Mk 6,53-56 Viele Krankenheilungen
Mk 7,24-30 Jesus und die Syrophönizierin, Heilung ihrer Tochter
Mk 7,31-37 Die Heilung des Taubstummen
Mk 8,1-21 Speisung der Viertausend und Jüngergespräch
Mk 8,22-26 Die Heilung eines Blinden
Mk 9,14-29 Die Heilung eines besessenen Jungen
Mk 10,46-52 Die Heilung des blinden Bartimäus

Der Überblick über die im Markusevangelium erzählten Wundergeschichten zeigt, daß es sich meistens um Krankenheilungen handelt. So kam es zu der ersten Entscheidung, für diesen Beitrag eine Heilungsgeschichte auszuwählen. Das zweite Auswahlkriterium war, ein Wunder zu nehmen, das etwas Markustypisches zeigt.

So wäre es z.B. aufschlußreich gewesen, das erste Wunder Jesu zu betrachten, vom dem im Markusevangelium berichtet wird. Dieses erste Wunder ist eine Dämonenaustreibung, bzw. die Heilung eines Besessenen am Sabbat in der Synagoge in Kafarnaum (Mk 1,21-28 vgl. den Beitrag von Wolfgang Baur).

60 Diese Erzählung zeigt eine wichtige Aussageabsicht des Markus: Jesu vollmächtiger Lehre (denn er lehrte sie wie einer, der göttliche Vollmacht hat Mk 1,22) ist das erste Wunder zugeordnet. Jesu Machttaten sind Zeichen für die anbrechende Gottesherrschaft, die Jesus verkündet: Die Zeit ist erfüllt, das Reich Gottes ist nahe, kehrt um und glaubt an das Evangelium. (Mk 1,14).

Der Mensch, der in diesem ersten Wunder geheilt wird, scheint für den Evangelisten gar nicht so wichtig zu sein, ähnlich wie in der Erzählung von der Heilung des Menschen mit der verdorrten Hand, in der in einer unpersönlichen Redeweise „vom Menschen" gesprochen wird (Mk 3,1-6). Es geht Markus in beiden Wundererzählungen wesentlich darum, Aussagen über Jesus zu machen: Seine Vollmacht soll aufgezeigt werden, sein Weg in den Tod wird angedeutet.

Ist das „typisch Markus"? Steht dem dann nicht die Wundererzählung von der blutflüssigen Frau konträr gegenüber? Ist es hier nicht so, daß vom Erzähler sehr viel über die Situation des Jairus, der Tochter und der Frau berichtet wird, die sich sogar „hinter dem Rücken" Jesu einfach ihre Heilung holt? Und vielleicht liegt der Schwerpunkt hier auf etwas anderem, als christologische Aussagen über Jesus zu machen?

Sicherlich müssen wir sehen, daß wir an verschiedenen Wundergeschichten im Markusevangelium auch unterschiedliche Entdeckungen machen können, die aber trotzdem für die Theologie des Evangeliums charakteristisch sind – und zusammengesehen werden müssen. So verwendet Markus z.B. häufig Schweigegebote (s.u.), aber nicht durchgängig!

Auch blicken nicht nur der Abschnitt Markus 5,21-43, sondern auch andere Wundererzählungen intensiv auf die Personen, die sich von Jesus Heilung erhoffen, einige werden sogar namentlich genannt, wie Bartimäus, und das Geschehen, das sich zwischen ihnen und Jesus abspielt.

Im Mittelpunkt dieser Wundergeschichten stehen Menschen, die mit ihrer Not sich hilfesuchend an Jesus wenden: Es geht um

Heilungen von Krankheiten und Behinderungen, um eine Totenerweckung, um die Hoffnung, im Reich Gottes satt zu werden, um Rettung vor Sturm, Bedrängnis und Angst.

Um einige typische Besonderheiten des Markus entdecken zu können, soll im folgenden betrachtet werden, wie er von den beiden jeweiligen Wundern berichtet, welche Themen ihm in beiden Wundergeschichten wichtig sind.

Die Heilung der blutflüssigen Frau

Eine Frau, die seit zwölf Jahren an unstillbaren Blutungen leidet, drängt sich in einer Menschenansammlung von hinten an Jesus heran. Ihre Lage wird vom Evangelisten als hoffnungslos beschrieben: Sie war von vielen Ärzten behandelt worden und hatte dabei sehr zu leiden, ihr ganzes Vermögen hatte sie ausgegeben, aber es hatte ihr nichts genützt, sondern ihr Zustand war immer schlimmer geworden (V.26). Die Frau befand sich also in einem doppelt schlimmen Zustand: Sie war durch eine langwierige, kräftezehrende Frauenkrankheit geschwächt und hatte zudem ihr ganzes Geld an Ärzte ausgegeben, war also verarmt.

Was immer die Ursache ihrer Blutungen gewesen sein mag, für ihre Zeit war sie unheilbar krank. Selbst die gebildetsten römischen Ärzte der Zeit, wie Soranus, empfehlen nur leichte Stärkungsmittel bei Dauerblutungen. Eine jüdische Frau in diesem Zustand war für ihren Ehemann zudem sexuell tabu und was sie berührte, wurde kultisch unrein, d.h. für den Gottesdienst untauglich (Lev 15).

Viele Auslegungen dieses Textes beschäftigen sich mit der Unreinheit dieser Frau: Verunreinigt sie nach Lev 15 nicht durch ihre Berührung Jesus? Wie kommt sie zu einem so ungeheuerlichen Verhalten? Werden hier nicht Grenzen des damals Üblichen überschritten?

Diese Fragestellungen werden im biblischen Text selbst allerdings nicht explizit angesprochen und entfaltet, die Reaktion der Jünger z.B. verweist nicht auf die Reinheitsproblematik. Vielleicht liegt ein kleiner Hinweis darauf in V.33a vor: die Frau zitterte vor Angst; sie wußte ja, was mit ihr vorgegangen war. Markus lag vermutlich aber eine andere Aussageabsicht mehr am Herzen, die in den folgenden Überlegungen, vor allem in der Zusammenschau der beiden Wundergeschichten entfaltet werden soll.

Bemerkenswert ist, daß in dieser Heilungsgeschichte die Frau die Initiative ergreift. Sie wendet sich in der Glaubensgewißheit „Wenn ich nur sein Gewand berühre, werde ich geheilt" (V.28) an Jesus. Sie berührt sein Gewand, und sofort hören die Blutungen auf. Als Jesus eine Kraft von sich ausgehen spürt und fragt, wer ihn berührt habe, da erst offenbart sich die Frau in der Öffentlichkeit. Er sagt ihr daraufhin zu: Dein Glaube hat dir geholfen. Geh hin in Frieden. Du sollst von deinem Leiden geheilt sein. (V. 34)

Die Auferweckung der Jairustochter

Die Erzählung von der Auferweckung der Jairustochter umrahmt die vorherige Erzählung. Jairus, einer der Synagogenvorsteher, war vermutlich ein wichtiger Beamter in der Synagoge, eine angesehene Persönlichkeit in seinem Dorf. Nach dem Text lebte seine 12jährige Tochter noch in seinem Haus.

Diese Tochter ist schwer erkrankt. Deshalb macht sich Jairus auf zu Jesus. Ohne Rücksicht auf sein Ansehen fällt er vor ihm zu Boden und bittet Jesus um die Heilung seiner Tochter. Doch die Begegnung mit der blutflüssigen Frau verzögert die Ankunft der Männer im Haus des Jairus. Sie kommen zu spät, die Tochter ist schon gestorben.

Die Tochter stirbt im Alter von 12 Jahren, damit stand sie in der damaligen Zeit an der Schwelle zum Frausein, vielleicht sogar kurz vor ihrer Verheiratung, denn jüdische Mädchen wurden damals üblicherweise in diesem Alter verheiratet.

Jesus erweist sich in dieser Situation als Herr auch über den Tod. Diesmal ergreift er die Initiative. Er faßt das tote Mädchen an

Frauen segnen

ich segne dich mit einem grünen Blatt
darin das Leben fließt
darin sich Licht und Hoffnung
finden

ich segne dich mit einem Wassertropfen
der Erdenschoß nahm ihn in Hut
daraus die Wolke grüßt
darin sich Tau und Quelle
finden

ich segne dich mit meiner Zärtlichkeit
darin die ruach wohnt
darin sich Heil und Mitte
finden

Christa Peikert-Flaspöhler

der Hand und erweckt es zum Leben. Auch hier findet wieder eine körperliche Berührung (Jesus – Mädchen) statt, die über Tabu-Grenzen der damaligen Zeit hinaus geht, ohne dies besonders zu problematisieren: Einen Toten anzufassen, war in der damaligen Zeit für Juden der schwerste Grad der Verunreinigung.

Die Verbindung der beiden Geschichten

Da Markus gerne Geschichten assoziativ aneinanderreiht, in denen ähnliche Stichworte vorkommen (Stichwortassoziation), kann es sein, daß auch diese Geschichten miteinander verknüpft wurden, weil das Stichwort „12 Jahre" in beiden vorkommt: die Frau leidet seit zwölf Jahren an ihrer Krankheit, das zwölfjährige Mädchen stirbt.

Außer der Stichwortassoziation „12 Jahre" gibt es noch weitere Gemeinsamkeiten. In beiden Geschichten geht es darum, wie Menschen vom Nicht-Leben / Tod zum Leben kommen. In der Berührung mit Jesus werden sie heil und lebendig.

Weiterhin ist in beiden Geschichten der Glaube derer wichtig, die bei Jesus Heilung und Leben suchen (V.34 und 36). Der Glaube der Frau wird gepriesen, und Jesus fordert Jairus, der ja die Heilung der Frau miterlebt hat, zum Glauben auf: Sei ohne Furcht und glaube nur. (V.36)

Auch die frühen Kirchenväter haben in dem Verhalten der blutflüssigen Frau das Vorbild für eine beispielhaft glaubende Frau gesehen. So ist sie für Origenes ein Mensch, der mit einer „Art göttlichen Tastsinn" das Richtige ergreift und im Kontakt mit der Kraft Jesu gerettet wird.

Auch in anderen Heilungsgeschichten, wie z.B. bei der Heilung eines besessenen Jungen in Mk 9,14-29, spielt Glaube/Unglaube eine große Rolle. Dort bittet der Vater Jesus um Hilfe und Jesus antwortet: Alles kann, wer glaubt. Daraufhin ruft der Vater aus: Ich glaube, hilf meinem Unglauben.

Daß es Markus wirklich zentral um den Glauben geht, zeigt auch die auf diese beiden Wunder folgende Erzählung in Mk 6,1-6a.

Hier wird ausdrücklich gesagt, daß Jesus in seiner Vaterstadt keine Wunder tun konnte, weil ihm Unglauben entgegengebracht wurde.

Der Glaube der Menschen an Jesus ist offensichtlich für das Gelingen des Heilungsgeschehens wichtig. Die Wunder Jesu sind keine Zauberei, und Jesus ist kein Magier – er fordert Glauben, und wo er auf Glauben trifft, dort kann Heilung geschehen, Leben neu entstehen. Denn Glaube bedeutet, daß der Mensch sich Gott vertrauensvoll öffnet, ihn in sich wirken läßt – und Gottes Wirken schafft Leben.

Schweigegebot

Einige Wunder im Markusevangelium werden mit sog. „Schweigegeboten" belegt, also mit dem Verbot Jesu, davon zu erzählen. Damit will Markus vielleicht ausdrücken, daß Jesus, allein an seinen Wundern gemessen, leicht mißverstanden werden kann. Ein Schweigegebot finden wir auch am Schluß dieser Perikope: Doch er schärfte ihnen ein, niemand dürfe etwas davon erfahren. (V.43) Dieser Schluß ist also ebenfalls „typisch Markus": Allen wird eingeschärft, sie sollen über das Wunder schweigen. Im Paralleltext bei Matthäus dagegen breitet sich nach der Auferweckung des Mädchens die Kunde aus (vgl. Mt 9,26)!

Leben in Berührung

In der damaligen Zeit war es für eine Frau vermutlich unüblich, einen fremden Mann in der Öffentlichkeit zu berühren. Doch die Frau erkennt Jesus als denjenigen, der Kraft hat, sie zu heilen. Ihre Berührung ist Ausdruck des Vertrauens in Jesus, ihrer Gewißheit, daß er sie heilen wird.

Carter Heyward hat aufgezeigt, daß Heilungen „nicht durch Jesus an und für sich" möglich werden, sondern durch den Jesus, der in Beziehung zu den Heilungsbedürftigen tritt. Menschen, die im Glauben an diese Kraft Jesu in das Beziehungsgeschehen eintreten, erspüren, daß Jesus die Vollmacht zu heilen besitzt. Menschen, die sich nicht diesem Beziehungsgeschehen öffnen, wird auch keine Heilung geschenkt. In der Heilung wird die Kraft Jesu, die dabei von ihm zu dem Heilungssuchenden geht, zur Kraft, die dem Glaubenden neues Leben schenkt.

„Die Machttaten Jesu sind Begegnungserfahrungen, sie geschehen in der geglückten Begegnung zwischen Jesus und einem Kranken. Die Heilung geschieht nur dort, wo sich ein Mensch ganz und ungeteilt für Jesus öffnet. ... Zuallererst setzen Wunder Glauben voraus, und zwar keinen Wunderglauben, sondern einen unbändigen Gottesglauben, einen an der Gestalt Jesu sich entzündenden unbedingten Glauben gegen Enge und Angst."
(Felix Porsch)

Die Wunder sind also Geschehen zwischen Jesus und den an ihn glaubenden Menschen, Geschehen voller Dynamik: Ohne Einsatz der Beteiligten, ohne ihre Bitte, erst recht ohne ihr Vertrauen und ihren Glauben vermag Jesus nichts zu tun (Mk 6, 1-6a).

In einigen Texten ruft der Glaube der Menschen das Wunder sogar erst hervor. So geht in der Erzählung von der blutflüssigen Frau in Mk 5, 21-48 die Initiative ganz von der Frau aus. Sie wird geheilt, noch bevor Jesus von ihrer Not weiß. Ihr Glaube, ihr heimliches Berühren seines Gewandes bringt seine Kraft wie von selbst zum Fließen und erst im Nachhinein, nachdem die Frau schon geheilt ist, spricht Jesus das Heilungswort: Dein Glaube hat dir geholfen. Geh in Frieden. Du sollst von Deinem Leiden geheilt sein. (Mk 5,34)

Im Markusevangelium gehört also zur Wundererfahrung wesentlich die Dimension des Glaubens. Dabei existiert aber auch Spürsamkeit dafür, daß auch das Mißverstehen Jesu und seiner Taten möglich ist. Dies wird im Markusevangelium z.B. immer wieder am Beispiel der Jünger vor Augen geführt (sog. „Jüngerunverstand"). Sie sind es häufig, die nicht begreifen, was eigentlich geschieht und die sich vor allem gegen die Ankündigung Jesu, er müsse leiden, sperren (vgl. z.B. Mk 8,27-33; 10,32-45; 8,14-21).

Warum wird im Markusevangelium so vielschichtig über die Wunder berichtet? Eine eindeutige Antwort ist sicherlich nicht möglich. Aber wahrscheinlich diente in der markinischen Gemeinde, die wie viele der ersten Christengemeinden unter Anfechtungen und Verfolgungen zu leiden hatte, die Erinnerung an die Wunder Jesu einerseits der Bestärkung der Menschen. Die Wundererzählungen sind für diese Menschen Hoffnungsgeschichten, die berichten, wie Menschen im Glauben an Jesus von Leid und dunklen Mächten befreit werden.

Die Wunder Jesu konnten andererseits aber offensichtlich auch mißverstanden werden, weshalb im Markusevangelium zum Abschluß einiger Wunder ein Schweigebot oder die Notiz zu finden ist, die Jünger Jesu hätten nichts verstanden. Auf diese Art und Weise zeigt Markus, daß die Wunder, die Leben ermöglichen, letztlich ebenfalls zu der Geschichte Jesu gehören, die ein Weg ist, der den leidenden Messias ans Kreuz führt.

Bibelarbeit zu Mk 5,21-43

1. Auf den Bibeltext zugehen

Auf dem Boden liegt ein helles Tuch. Die Teilnehmer/innen (TN) bekommen Zettel, auf die sie mit großen Filzstiften Stichwörter aufschreiben zur Frage: Was gehört für mich zum Thema „Leben, Lebendig sein"?

Die Zettel werden vorgelesen und auf das helle Tuch gelegt. Dann werden im Plenum jeweils die Gegenteile zu den einzelnen Begriffen gesucht und auf Zettel geschrieben. Der Leiter, die Leiterin legt ein dunkles Tuch neben das helle und verteilt die Zettel darauf.

2. Den Bibeltext begreifen

Der Text wird laut, mit verteilten Rollen gelesen. Danach sollen die TN in Kleingruppen den Text aus der Perspektive einer

Person besprechen, entweder aus der Perspektive der Frau, des Jairus oder der Tochter. Auf diese Art und Weise kann der doch sehr lange Text und die zwei ineinander verwobenen Geschichten für die TN etwas entzerrt werden. Wenn Frauen sich dafür entscheiden, den Text aus der Sicht der blutflüssigen Frau zu lesen, kann es hilfreich sein, wenn sie dies in einer reiner Frauengruppe tun, damit sie dieses heute noch tabuisierte Thema freier besprechen können, als es ihnen in einer gemischten Gruppe möglich wäre.

Die Gruppen erhalten den Arbeitsauftrag: Bestimmen Sie jemanden aus ihrer Gruppe, der nach der Kleingruppenarbeit dem Plenum dann diese Geschichte nochmals neu aus der Perspektive der jeweiligen Person erzählt, z.B. „Ich bin Jairus. Als meine Tochter...."

Es folgt ein Auswertungsgespräch in der Großgruppe, bei dem der Leiter/die Leiterin auch noch zusätzliche Informationen geben kann, z.B. warum die beiden Geschichten von Markus vermutlich verknüpft wurden (Glauben, Stichwortassoziation), oder Hinweis auf den Schluß der Perikope mit einem Schweigegebot.

3. Mit dem Bibeltext weitergehen

Zum Abschluß kann in einer stillen Besinnung mit meditativer Musik den Fragen nachgegangen werden: Wovon möchte ich gern geheilt werden? Wo möchte ich gern zum Leben geholt werden? Nach einiger Zeit werden in die Stille hinein nochmals einzelne Verse aus dem Markustext vorgelesen.

Alternativ können für die Besinnung auch folgende Impulsfragen gegeben werden:

In der Geschichte begegnet uns ein „Jesus zum Anfassen". In der Berührung von Menschen mit Jesus geschieht Befreiung zum Leben aus den Fesseln des Todes und der Isolation.

Paßt das zu unserem Jesusbild? Wer ist dieser Jesus – für mich?

Welche Bedürfnisse haben wir – auch eine Sehnsucht, Jesus zu berühren? Wo begegnet uns Berührung und Begegnung mit Jesus heute?

Zur Vertiefung der Situation, in der die Frau handelt: Wie hätte die Frau noch reagieren können? Was bedeutet es, daß sie es nicht tat?

Bettina Eltrop

Weiterführende Literatur:

Carter Heyward, Und sie rührte sein Kleid an. Eine feministische Theologie der Beziehung, Stuttgart 1986

Evi Krobath, Brief der Anonyma, einer von Jesus geheilten Frau, an Luise, die Weise und Gelehrte, in: Dorothee Sölle (Hg), Für Gerechtigkeit streiten, Gütersloh 1994

Weitere Impulse für eine Bibelarbeit finden sie in:

Margret Niggemeyer: Jesus begegnet Frauen, Frauen begegnen Jesus. München 1988 und in den Arbeitsmaterialien zur Ökumenischen Bibelwoche Markus 1996/97, die vom Kath. Bibelwerk und der Deutschen Bibelgesellschaft herausgegeben werden.

Im Heil verbunden

Jesus
als die kranke Frau dein Kleid berührte
ängstlich tastend
weil sie Furcht und Hoffnung spürte
schwieg für dich die laute Menge;
im Gedränge fühltest du
daß dir Kräfte ungewollt entglitten:
Antwort auf vertrauensvolles Bitten.
Beides Herzensströme
die den Menschen fanden
dich und sie
im Heil verbanden
ehe Worte zwischen euch entstanden.

Christa Peikert-Flaspöhler

„Gebt ihr ihnen zu essen"

Die beiden Speisungserzählungen im
Markusevangelium (Mk 6,30-45; 8,1-10)

Wer geht schon zu einem stunden- oder tagelang andauern-
den Happening und steckt sich nicht wenigstens ein paar
Butterbrote in die Tasche? Bei aller Begeisterung für die Musik
oder den Künstler würde doch jeder für sein Grundbedürfnis von
Essen und Trinken sorgen.

Das Publikum Jesu, seine Hörer und Hörerinnen, von denen
wir in den Speisungserzählungen des Markusevangeliums hören,
handeln offensichtlich anders. Sie sind von Jesu Rede total
gefesselt, gönnen weder Jesus noch seinen Jüngern etwas Zeit
zum Ausruhen. Sie folgen Jesus bis in den entlegensten Ort (Mk
6,35), ja buchstäblich bis in die Wüste hinein (Mk 8,4) und
harren schon drei Tage lang aus, und dies, ohne Hunger zu
verspüren! Die Jünger Jesu, die ihrerseits keine Zeit zum Essen
fanden, haben ihn auf die mißliche Situation aufmerksam
gemacht (Mk 6,35f), weil sie selbst ratlos waren und nicht
wußten, wie das Problem zu lösen sei (so übereinstimmend Mk
6,37; 8,4). Ganz anders Jesus! (vgl. Mk 6,38-42; 8,5-9). Daß diese
Geschichte eine große Bedeutung für die urchristlichen Gemeinden hatte, beweist ihre doppelte Überlieferung bei Markus (Mk
6,30-45; 8,1-10); ja selbst das Johannesevangelium weiß davon
zu erzählen (Joh 6,1-15).

Zwei Überlieferungen ein und derselben Geschichte

Markus wird die beiden Überlieferungen als zwei verschie-
dene Geschichten verstanden haben. Inhaltlich und formal geht

es aber um dieselbe Begebenheit. Folgende Gemeinsamkeiten finden sich in beiden Erzählungen (Mk 6,30-45 und Mk 8,1-10):

- ☐ Rede vom Erbarmen Jesu
- ☐ Gespräch Jesu mit seinen Jüngern
- ☐ Verlegenheit der Jünger
- ☐ Frage Jesu nach der Zahl der Brote
- ☐ Jesu Segensspruch bzw. Dankgebet und Brotbrechen
- ☐ Austeilen der Brote und Fische durch die Jünger
- ☐ Sattwerden der Menschen
- ☐ Einsammeln der Brocken
- ☐ Entlassung der Menschen
- ☐ Überfahrt Jesu mit seinen Jüngern

Die *Unterschiede* aber zeigen eine bestimmte Gewichtung und Akzentsetzung in den jeweiligen Überlieferungen. Folgende Tabelle soll dies verdeutlichen:

Mk 6,30-44	Mk 8,1-10
Reflexion des Erzählers über das Erbarmen Jesu, das sich auf die Desorientierung der Menschen bezieht	Jesus äußert selber, er habe Erbarmen. Dies bezieht sich konkret auf den Hunger der Menschen
Die Jünger machen Jesus auf die Notsituation aufmerksam	Jesus selber ergreift die Initiative und spricht seine Jünger an
Die Menschen befinden sich an einem abgelegenen Ort	sie befinden sich in der Wüste
Verlegenheit und Unverständnis der Jünger, sie wollen für 20 Denare Brot kaufen	Frage der Jünger, die ihre Hilflosigkeit zeigt
Jesu Segensspruch über Brote und Fische	Dankgebet nur über die Brote Segensspruch über die Fischlein
die Menschen lagern sich auf grünem Gras	sie lagern sich auf dem Boden
gruppenweise Tischordnung	nicht erwähnt
verschiedene Zahlen: 5 Brote, 2 Fische 5000 Männer	7 Brote, wenige Fischlein 4000 (Leute)
12 Körbe eingesammelter Reste von Broten und Fischen	7 Körbe eingesammelter Reste von Broten

Dieser Vergleich zeigt eine Zentrierung auf Jesus in Mk 8,1-10. Die Jünger werden hier außerdem etwas entlastet: aus dem Gespräch ist nur eine verlegene Frage der Jünger übriggeblieben. Der Segensspruch wird zum ausschließlichen Dankgebet über die Brote. Dies zeigt eine Angleichung an die Abendmahlsworte. Aus alldem ergibt sich, daß Mk 8,1-10 eine spätere Stufe der Überlieferung unserer Geschichte ist.

Menschen haben Hunger

W. Willms schreibt in seinem Gedicht „Nun schlägt's aber":
„nachdem er brot vermehrt hatte
und während er noch brot vermehrte
erklärten ihm die gesättigten satten
wie das in der bibel
zu verstehen sei
mit der brot-vermehrung
sie sagten
das dürfe man nicht wörtlich nehmen
da war er verzweifelt"
(Roter Faden Glück - Lichtblicke, Kevelaer [2]1977, Nr. 13)
Berufsmäßige Bibelausleger tun sich schwer mit der Auslegung der markinischen Speisungsgeschichten. Der Hang zur Spiritualisierung ist in fast allen Kommentaren deutlich zu spüren. Aus dem Brot wird einfach die „Lehre" Jesu, nach der die Menschen hungern. Diese Aussageabsicht ist in der ersten Erzählung nicht von der Hand zu weisen. Die einleitenden Verse (Mk 6,30-34), die als Lesehilfe der ganzen Erzählung vorangestellt werden, betrachten den Hunger als eine Mangelerfahrung der Menschen, die nach Orientierung und Lebenssinn suchen. Das Erbarmen Jesu wird damit begründet, daß die Situation der Menschen - bildlich gesprochen - einer Herde ohne Hirt gleicht. Ausdrücklich sieht Markus die Hirtenfunktion Jesu in dessen Lehrtätigkeit (Mk 6,34). Dennoch ist die elementare Bedeutung von Hunger und Sättigung in diesen Geschichten gegenwärtig, die

auch eine geistliche Auslegung der Speisungsgeschichten nicht ausblenden oder verdecken kann. Aus Mk 8,2f geht deutlich hervor, daß sich das Erbarmen Jesu auf den konkret-materiellen Hunger der Menschen bezieht, und dies dürfte zur Motivation der Speisungsgeschichte als einer Wundergeschichte ursprünglich gehören. Daß wirklicher Hunger auch reale Sättigung verlangt, legt auch das Erzählmuster in der Elischa-Geschichte von der Brotvermehrung (2 Kön 4,42-44) nahe, nach dem die neutestamentliche Speisungsgeschichte gebildet wird. In diesem Zusammenhang ist zu berücksichtigen, daß die Speisungsgeschichte genauso wie die Heilungserzählungen zur Verkündigung Jesu vom anbrechenden Reich Gottes gehört. Hungerleiden gefährdet die Menschen elementar. Daher ist eine Erzählung wie die Speisungsgeschichte eine Geschichte der Nähe des Reiches Gottes, in dem so elementare Mangelerfahrungen wie Hunger auch behoben sind. Darum soll der „Hunger nach Heil und Sinn" nicht gegen den „Hunger nach Brot" und umgekehrt ausgespielt werden. Sogar im Koran wird der unzertrennliche Zusammenhang zwischen irdischer und himmlischer Mahlzeit in einem Gebet Jesu vor der Speisung überliefert: *„O Allah, unser Herr, sende zu uns einen Tisch vom Himmel herab, daß es ein Festtag für uns werde, für den ersten und letzten von uns, und ein Zeichen von dir, und versorge uns, denn du bist der besten Versorger"* (Sure V 114).

Die Heilszeit ist da

Wie die Heilungen stellt auch die Speisungsgeschichte die Gegenwart des Heils dar. Nicht erst die johanneische Auslegung der Speisungsgeschichte knüpft an die Mannaspende in der Wüste direkt an (vgl. Joh 6,32-35.48-51). Bereits die ältere Überlieferung (Mk 6,30-45) und die Interpretation des Markus betrachten die Speisung der Menschen durch Jesus als die Wiederholung der wunderbaren Mannaspeisung durch den neuen Mose. Er ist der Hirte der Endzeit, der als ein Prophet wie

Mose (nach Dtn 18,18f) Gottes Wort verkündet, sein Volk leitet (Num 27,17) und es ernährt (Ex 16). Weitere Motive aus der Erzählung offenbaren diesen alttestamentlichen Hintergrund: Das Volk lagert sich nach der mosaischen Ordnung (vgl. Ex 18,25) in Gruppen zu hundert und zu fünfzig (Mk 6,35.39f). Selbst die Zusammensetzung von Brot und Fisch wird der Speisung in der Wüste mit Manna und Wachteln entsprechen, da nach Weish 19,11f Wachteln wie Fische aus dem Meer steigen. Auch das überreiche Mahl, versinnbildlicht durch den Überschuß von Broten und Fischen, stellt die grenzenlose Fülle des Lebens im Reiche Gottes dar. Vor allem im Zusammenhang mit der Praxis Jesu, mit Menschen aus allen Volksschichten, insbesondere mit Zöllnern und Sündern, Mahlgemeinschaft zu halten (vgl. Mk 2,13-17par; Lk 7,34; 19,1-10) und im Sprechen Jesu vom Reich Gottes als einer Mahlgemeinschaft (vgl. Lk 14,15-24: Gleichnis vom Festmahl) gewinnt die Speisungsgeschichte einen deutlichen Bezug auf die *Reich-Gottes-Mahlgemeinschaft*. Der Anklang an die Abendmahlsworte in Mk 8,6 unterstreicht dies auch. Die Betonung liegt in all dem auf der Gemeinschaft. Das Miteinanderessen unterstreicht nicht nur bildlich die Gemeinschaft, es fördert sie auch. Die Feier des urchristlichen Abendmahles im Rahmen eines Gemeinschaftsessens ist nicht von ungefähr. Vielleicht steckt auch hinter der Vorstellung einer gruppenweisen Lagerung in der Speisungsgeschichte (Mk 6,39f) die Notwendigkeit der Bildung einer „Gemeinschaft von Gemeinschaften". In vielen Bibelkreisen schließt sich heute an die Bibelgesprächsrunde ein gemeinsames Mahl. Oft kann die ideelle Gemeinschaft in der gemeindlichen Eucharistiefeier den Mangel an Gemeinschaftserlebnis nicht wettmachen. Ob unsere Pfarrgemeinden hier sogar aus manchen Sekten nichts lernen könnten?

Was Markus aus den Speisungsgeschichten gemacht hat ...

Markus hat sich um die Speisungsgeschichten besonders bemüht. Er hat besondere Lesesignale oder Leserhinweise in den

Erzählzusammenhang Mk 6,30-8,30 eingefügt. In den einleitenden Versen (Mk 6,30-34) bezieht Markus Jesu Erbarmen, das ursprünglich den leiblichen Hunger im Blick hatte, auf Jesu Lehre, in der sich Gott offenbart. Die Speisungsgeschichte wird dann zur Glaubensgeschichte. Sie führt zum Bekenntnis des Petrus in Mk 8,27-30. Der ganze Erzählzusammenhang (Mk 6,30-8,30) gipfelt darin. Somit dienen nach Markus beide Speisungsgeschichten als Veranschaulichung für die Blindheit der Menschen für Gottes Botschaft, selbst angesichts der erstaunlichsten Wundertaten Jesu. Die Menschen rechnen nämlich nicht mit der verwandelnden Wirklichkeit Gottes. Sie geraten vielmehr nur außer sich, d. h. ihr Herz ist verstockt (Mk 6,51f; 8,14-21). Selbst die Jünger sind in dieser Hinsicht keine Ausnahme. Einzig wird der Glaube der Heidin dem allgemeinen Unglauben entgegengesetzt (Mk 7,24-30). So sehr auch die Speisungsgeschichten eine augenfällige Demonstration des Unglaubens sind, ist der Unglaube nicht das letzte Wort. Die an die Jünger gerichtete Frage Jesu in Mk 8,21 ist zugleich eine einladende Frage an den Leser selber, seinen Standpunkt zu revidieren.

Folgende Skizze soll die markinische Interpretation der Speisungsgeschichten veranschaulichen:

Herde ohne Hirt
6,32-34

Speisung der Fünf-
tausend
6,35-45

Vertocktheit der		Glaube der
Menschen		Heidin
6,52		7,24-30

Unser tägliches Brot

Unser tägliches Brot
gib uns heute
damit wir nicht nur
für Brot uns
abrackern müssen
damit wir nicht
von Brotgebern
erpreßt werden können
aus Brotangst
gefügig werden.

Kurt Marti

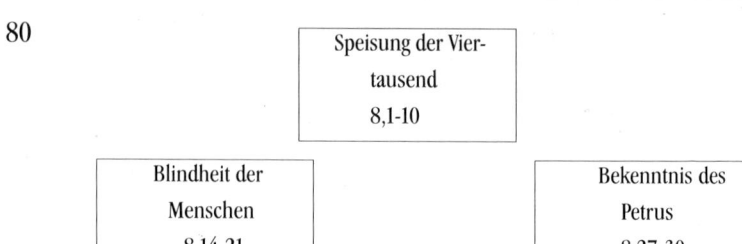

Die Rolle der Jünger Jesu und deren Grundmißverständnis

Wie in keiner anderen Erzählung häuft sich in den Speisungsgeschichten – in der ersten mehr als in der zweiten – die Beschreibung der Mit-Tätigkeit der Jünger Jesu.

☐ Sie sind es, die auf die mißliche Situation hinweisen (Mk 6,35f)

☐ Sie schlagen vor, die Menschen fortzuschikken, damit sie etwas zu essen kaufen, und überlegen, ob ihr Geld für die Speisung so vieler Menschen ausreicht (Mk 6,36f)

☐ Sie erhalten den Auftrag Jesu, die Menschen in überschaubaren Gruppen zu 100 und 50 auf dem grünen Gras Platz nehmen zu lassen (Mk 6,39f)

☐ Sie teilen den Menschen von dem von Jesus gebrochenen Brot und den Fischen aus (Mk 6,41; 8,6f)

☐ Sie sammeln die übriggebliebenen Brocken ein (Mk 6,43; 8,8).

Eindeutig werden somit die Jünger Jesu als Gesprächspartner und Mitarbeiter Jesu charakterisiert. Umsomehr überrascht der Tadel Jesu an seine Jünger, den Markus den Speisungsgeschichten anhängt (Mk 6,52; 8,14-21). Die wunderbaren Speisungen decken nach Markus das Unverständnis und die Herzensverhärtung der Jünger auf. Neben diesem grundsätzlichen Vorwurf Jesu sind die Speisungsgeschichten – vor allem die erste – auf Kritik der Handlungsstrategien der Jünger Jesu angelegt. Die Strategie Jesu wird der Strategie der Jünger scharf entgegengestellt.

Folgende Skizze soll den Kontrast zwischen Jesus und seinen Jüngern veranschaulichen:

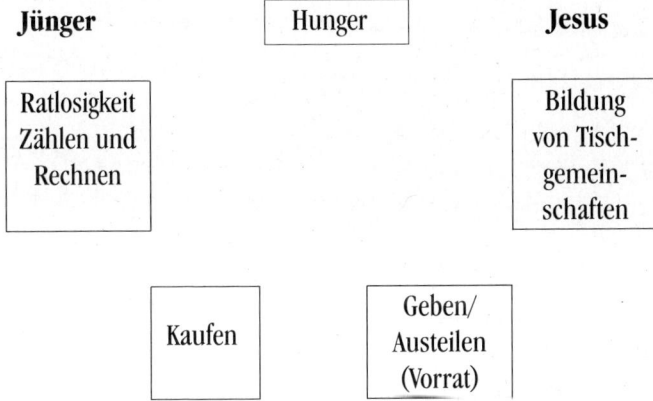

Die Reaktion Jesu gegenüber der elementaren Mangelerfahrung des Hungers kann Orientierung bieten, ohne selbst eine konkrete Handlungsanweisung zu sein. Jedenfalls will die ursprüngliche Speisungserzählung keine bloße Illustration des Unverständnisses der Jünger sein, was theologisch als Unglaube zu deuten wäre. Die Aufforderung Jesu *„Gebt ihr ihnen zu essen!"* (Mk 6,37) wird auch nicht rein rhetorisch - nämlich zur Erhöhung der Spannung - zu verstehen sein. Der Rahmen des Mahles enthält ja die symbolische Sinnspitze des gemeinsamen Teilens. Der Auftrag Jesu des Hergebens vollzieht sich konkret im Austeilen von Brot und Fisch. „Brot-Vermehrung" als Überschrift der Erzählung erfaßt daher nicht den Sinn der Geschichte. Da der Mahlcharakter für sie konstitutiv ist, hebt das gemeinsame Mahl die grenzenlose Gemeinsamkeit des Miteinanderteilens hervor. Die Grundlage dafür ist das „Erbarmen", ein Leben aus der Grundhaltung des Vertrauens. In diesem Sinne stehen unsere Speisungsgeschichten auf der Linie der alttestamentlichen Erzählungen in 1 Kön 17,7-16 (Elija und die Witwe von Sarepta) und 2 Kön 4,42-44 (Brotvermehrung des Elischa), die das im

Vertrauen auf Gott begründete Erbarmen der Menschen und somit Gottes überreiches Erbarmen selbst darstellen.

Die Speisungsgeschichten enden nicht - wie in einer Wundererzählung zu erwarten wäre - mit einem Lobpreis des Wundertäters. Wenn die Vorstellung vom eschatologischen Propheten auch hinter der ursprünglichen Speisungsgeschichte zu stehen scheint und Markus mit Hilfe dieser Erzählungen Jesus auch als den wahren Hirten und Lehrer darstellen will, ist darüber hinaus für das Bild Jesu folgender Zug in diesem Zusammenhang wichtig: Jesus verteilt nämlich als der souveräne Hausvater Brot und Fisch an die um ihn versammelten Tischgemeinschaften. *Als der Hirt ist er zugleich Wirt.* Mit Recht wird im Zusammenhang von Mk 6,30-45 auf den Ps 23 als Hintergrund der Erzählung hingewiesen. *„Der Herr ist mein Hirte, nichts wird mir fehlen. Er läßt mich lagern auf grünen Auen und führt mich zum Ruheplatz am Wasser"* (Ps 23,1f). Hier wird sichtbar: *Hirtensorge ist Nahrungssorge.*

Mit Hirtenamt verbinden wir gewöhnlich das lehrmäßige Führen und Leiten. Bei aller Betonung der Lehre sollte allerdings das Grundbedürfnis des Menschen nach Geborgenheit und Gemeinschaft nicht aus den Augen verloren werden. Ob dieser Hunger in unseren Gemeinden wirklich wahrgenommen und darüber hinaus Lösungswege versucht werden? Dies sind Fragen, die uns heute die Texte der Speisungsgeschichte stellen.

Bibelarbeit

1. Auf den Bibeltext zugehen

1. Möglichkeit: Einstieg mit einem Gedicht
Das Gedicht „gnadenwirtschaft" von Kurt Marti (s. S. 87) wird mit einer kurzen Zwischenpause (ca. 3 Minuten) zweimal vorgetragen. Anschließend äußern sich spontan die Teilnehmer.

2. Möglichkeit: Schreibmeditation zum Thema
„Brot, von dem ich lebe"

Ein Plakat mit dem Motto „Brot, von dem ich lebe" liegt auf dem Tisch bereit (bei größeren Gruppen sind weitere Plakate, Tische und Stifte bereitzustellen). Die Teilnehmer werden dazu eingeladen, schweigend ihre Einfälle spontan auf das Plakat zu schreiben (eventuell bei leiser Hintergrundmusik). An die Schreibphase kann sich bei genügender Zeit eine Gesprächsrunde anschließen. Für dieses vertiefende Gespräch wählt der Leiter oder Verantwortliche einen Gedanken aus.

3. Möglichkeit: Collage zum Thema „Hunger"

Aus bereitgestellten Zeitschriften werden Collagen in Gruppen zu 3-4 Personen angefertigt. Den Bildern werden kurz kommentierende Unterschriften beigegeben. Die Collagen werden zu einer anschließenden Betrachtung an den Wänden festgemacht.

2. Auf den Bibeltext hören

Die Teilnehmer erhalten eine vom Leiter zu erstellende Synopse mit den markinischen Texten (Mk 6,30-45; 8,1-10) und eine Synopse mit den Paralleltexten von Mk 6,30-45 und Mk 8,1-10. Für die Erhellung des Hintergrundes der Speisungserzählungen ist auch für die Bereitstellung der Texte 1 Kön 17,7-16; 2 Kön 4,42-44 und Ps 23 zu sorgen, falls die Teilnehmer keine Vollbibel mitgebracht haben.

Nach der Lektüre der markinischen Fassung der Speisungserzählungen bearbeiten die Teilnehmer in Kleingruppen die Texte anhand folgender Leitfragen:

☐ Stellen Sie Ähnlichkeiten und Unterschiede zwischen Mk 6,30-45 und Mk 8,1-10 fest! Was ergibt sich daraus?

☐ Wo wird jeweils der Akzent gelegt? Woraus können Sie diese Akzentsetzung ersehen?

☐ Worauf weisen die Speisungsgeschichten im Rahmen der Praxis Jesu hin?

☐ Beachten Sie die Rolle der Jünger und versuchen Sie, sich in deren Rolle hineinzuversetzen!

☐ Welches Jesusbild begegnet uns in den Speisungserzählungen?

☐ Was beleuchtet uns der alttestamentliche Hintergrund? Lesen Sie 1 Kön 17,7-16; 2 Kön 4,42-44; Ps 23!

Falls Zeit vorhanden, werden folgende Fragen arbeitsteilig bearbeitet:

☐ Stellen Sie die Unterschiede heraus!
   1. Gruppe: Mk 6,30-45/Mt 14,13-22/Lk 9,10-17/Joh 6,1-15
   2. Gruppe: Mk 8,1-10/Mt 15,32-39

☐ Welche Akzente setzen die Evangelisten in den jeweiligen Texten?

☐ Was ergibt sich aus diesem Vergleich für den persönlichen Umgang mit diesen Erzählungen?
   Nach der Textarbeit werden die Ergebnisse im Plenum kurz referiert. Der Leiter hat hier Gelegenheit, auf exegetische Fragen einzugehen.

3. Mit dem Bibeltext weitergehen

1. Möglichkeit: Meditatives Brotessen

Die Teilnehmer erhalten eine Scheibe Brot und essen das Brot schweigend und langsam bei meditativer Musik. Anschließend kann ein Erfahrungsaustausch stattfinden.

2. Möglichkeit: Brotgeschichten erzählen

Die Teilnehmer erzählen in Kleingruppen von ihren Erfahrungen mit Brotbacken. Als Impuls könnte die schöne Erzählung von Leonardo Boff, Kleine Sakramentenlehre, Düsseldorf 1976, S. 34-37, am Anfang vorgetragen werden.

3. Möglichkeit: Speisungs- und Mahlgeschichten der Bibel suchen und sich gegenseitig vorlesen

Folgende Texte kommen in Betracht: Gen 18,1-15; Ex 12,1-29; 16,1-36; Num 11,1-35; Rut 2; 1 Kön 17,8-16; 2 Kön 4,42-44; Mk 6,30-45/Mt 14,13-22/Lk 9,10-17/Joh 6,1-15; Mk 8,1-10/Mt 15,32-39; Lk 14,7-14; 14,15-24/Mt 22,1-14; Mk 14,17-25/Mt 26,20-29/Lk 22,14-23; 1 Kor 11,17-34; Lk 24,13-35; Joh 21,1-14.

Jeder Teilnehmer bzw. eine Kleingruppe (3-4 Personen) entscheidet sich für eine Geschichte. Die Vielfalt der Erzählungen läßt die fundamentale Bedeutung der Speisung und des Mahles erahnen.

4. Möglichkeit: Gemeinsam Brot backen

Eine Veranstaltung am Nachmittag mit kleineren Gruppen könnte mit einem gemeinsamen Brotbacken und Miteinanderessen abschließen.

Juan Peter Miranda

gnadenwirtschaft

haben
und teilen

wenig haben
austeilen

weniger haben
mehr austeilen

nichts haben
viel austeilen

in der wüste
die lustige
wirtschaft

wo das wort
zum wirte
geworden

bis alles verteilt
und alle gehabt.

Kurt Marti

Wer sein Leben verliert, wird es retten . . .

Geistliche Schriftlesung zu Mk 8

Daß Jesus gelegentlich seinen Jüngern Vorwürfe macht, ist uns nichts Neues. Den Petrus zum Beispiel fährt er an: „Weg mit dir, Satan, geh mir aus den Augen!" (Mk 8,33). Aber daß Petrus den Spieß auch umdreht, Jesus einmal „beiseite nimmt" und ihm Vorwürfe macht, das überrascht doch. Hat sich Petrus da vergessen? Oder ist er auch und gerade durch diese Vorwürfe an die Adresse Jesu unser Sprecher? Ja ist er vielleicht gar unser Vorbild, weil er tut, was auch wir öfters tun sollten? Wir verdrängen ja meist, was uns an Jesus ärgert, schieben so seine unangenehmen Worte auf die Seite und befassen uns nur mit den anderen, die in unser eigenes Denken passen. Ob wir uns so nicht an Jesus vorbeimogeln?

Die Erzählung, in der Jesus und Petrus einander Vorwürfe machen, bildet den „Höhe- und Wendepunkt des Markusevangeliums" (J. Schmid). In ihren 9 Versen (Mk 8,27-35) geht es nämlich um die für Markus zentralen Themen, daß man über Jesus besser schweigen sollte, wenn man mit seinem Leiden- und Sterben-Müssen (und seiner Auferstehung) nichts anfangen kann, und daß man sich selber nicht als Jünger oder Jüngerin – also nicht als entschiedenen Christen – bezeichnen sollte, wenn man für sich selber Grundbegriffe wie „Sich selbst verleugnen", „Sein Kreuz auf sich nehmen", „Sein Leben verlieren" oder „Sein Leben retten" nicht ernst nimmt. Doch lassen wir den Text selber sprechen.

Ihr aber: Für wen haltet ihr mich?

Markus beginnt mit einer Art von Meinungsumfrage über Jesus. Er erzählt:

„Jesus ging mit seinen Jüngern in die Dörfer bei Caesarea Philippi. Unterwegs fragte er die Jünger: Für wen halten mich die Menschen? Sie sagten zu ihm: Einige für Johannes den Täufer, andere für Elija, wieder andere für sonst einen der Propheten" (Mk 8,27-28).

Einige Leute sehen Jesus so: Er habe von Gott einen Auftrag, ähnlich wie einer der anerkannten früheren Propheten; andere greifen etwas höher und stufen Jesus als Vorboten des am Ende der Zeiten erwarteten Messias ein – ganz so, wie sie auch Johannes den Täufer und Elija eingestuft hatten. So aber sieht sich Jesus nicht!

Im zweiten Ansatz fragt Jesus seine Jünger nach ihrer eigenen Meinung:

„Da fragte er sie: Ihr aber, für wen haltet ihr mich? Simon Petrus antwortete ihm: Du bist der Messias! Doch er verbot ihnen, mit jemand über ihn zu sprechen" (V. 29-30).

Petrus hat erfaßt: Jesus ist nicht nur der Vorbote des Messias, sondern er ist der *Messias* selber. Das ist eine richtige Erkenntnis (vgl. Mk 1,1)! Um so überraschender, daß Jesus dem Petrus (und den Jüngern insgesamt) verbietet, darüber mit Außenstehenden zu sprechen. Warum dies? Der Grund für dieses Redeverbot über den Messias (die Exegeten sprechen von „Messiasgeheimnis") ist der, daß viele Juden zur Zeit Jesu erwarteten, der Messias werde jetzt bald die Römerherrschaft zerschlagen und Israel zu einem mächtigen Reich machen, in dem man Gott in Treue zum Gesetz und im vollkommenen Frieden dienen könne. In diesem politischen Sinn aber versteht Jesus die ihm von Gott gestellte Aufgabe als Messias nicht. Deshalb darf man ihn in der Öffentlichkeit nicht einfach „Messias" nennen: Es würde nur das Mißverständnis über ihn verstärken. Wie aber versteht Jesus seine messianische Sendung dann?

90   **Ein Messias, der leiden muß ...**

Jetzt redet Jesus offen darüber, daß er die Aufgabe, die Gott ihm gestellt hat, auf einem anderen, überraschenden – ja für unser Empfinden skandalösen – Weg ausführen muß:

„Dann begann er, sie darüber zu belehren, der Menschensohn müsse vieles erleiden und von den Ältesten, den Hohepriestern und den Schriftgelehrten verworfen werden; er werde getötet, aber nach drei Tagen werde er auferstehen. Und er redete ganz offen darüber" (V. 31-32).

Jetzt, da Jesus selber über sich spricht, verwendet er eine andere Selbstbezeichnung: Er nennt sich „Menschensohn". Dieses vom Propheten Daniel herkommende Bildwort (vgl. 7,13f) war nicht so eindeutig vorgeprägt wie Messias. Mit ihm kann Jesus das „Schockierend-Andersartige" des Weges zum Ausdruck bringen, auf den er sich gestellt erkennt: Er müsse leiden, er werde verworfen und getötet, dann aber auferstehen! Er müsse! Warum muß er?

Dieses rätselhafte „Müssen".

In der biblischen Sprache bedeutet das „Müssen" soviel wie: „Gott will es!" Aber warum? Will Gott es, ohne daß wir Glaubenden durchschauen könnten, warum er es will: Niemand von uns versteht ja Gott! Aber nein, so ist's in diesem Fall nicht; ein paar Schritte weit können wir die Gründe dafür, daß Jesus leiden und sterben müsse, schon verfolgen.

Gehen wir von der Frage aus: Wie reagieren wir Menschen im Allgemeinen, wenn Gott durch einen Propheten ein Umdenken und ein neues Handeln von uns verlangt? Israel hat in dieser Sache mit sich selber schlimme Erfahrungen machen müssen. In einem Bußgebet, das die aus dem Exil in Babylon (586-538) nach Jerusalem zurückgekehrten Israeliten sprachen, bekennen sie:

„Unsere Väter ... lebten gut von deinen reichen Gaben.
Dann aber wurden sie trotzig; sie empörten sich gegen dich
und kehrten deinem Gesetz den Rücken. Deine Propheten
warnten sie zwar und wollten sie zu dir zurückführen; doch
man tötete sie und verübte schwere Frevel" (Neh 9,25-26).

So also hat Israel auf Gottes Herausforderung durch die
Propheten reagiert. Und Jesus wußte das. Einmal, als er von
Herodes tödlich bedroht wurde, sagt er denn auch mit schneiden-
dem Sarkasmus: Diese Drohung des Herodes ist ungefährlich,
„denn ein Prophet darf nirgendwo anders als in Jerusalem
umkommen" (Lk 13,33). Und mit „Prophet" meint Jesus hier
sich selbst! Wie sollte es ihm auch – angesichts der Gegnerschaft,
die sich von Jerusalem her formierte – anders ergehen? War nicht
auch eben erst Johannes der Täufer hingerichtet worden (Mk
6,17-29)?

Warum also muß Jesus leiden und sterben bzw. warum will
Gott das? Zur Beantwortung ist auch der Hinweis unseres Textes
auf die Auferstehung Jesu zu beachten. Ihn aus der nachösterlichen Theologie heraus deutend und gleichsam „bei Adam und
Eva beginnend" läßt sich unsere Frage so beantworten: Gott hat
Menschen geschaffen, die (relativ) frei sind, – die konsequenter-
weise aber die Freiheit auch mißbrauchen können. Das wirkt sich
auch aus, als Gott Jesus damit beauftragt, diese Menschen – zunächst die in Israel, aber über sie hinaus auch die Menschen
überhaupt – in die endgültige Glaubensbeziehung zu ihm als
Vater und in die Haltung der Gerechtigkeit und Liebe zu einander
zu führen. Weil Gott auch jetzt die Freiheit des Menschen nicht
einschränkt, läßt er zu, daß Menschen den diese Aufgabe
ausführenden Jesus ablehnen, ja ihn töten. Und von Jesus er-
wartet Gott, daß er zu seiner Aufgabe steht und „die andere Wange
hinhält" (Mt 5,39), daß er also diese Ablehnung auf sich nimmt.
Würde Jesus fliehen oder widerrufen, so würde er ja seinen Gott
und sich selber verraten.

Daß Jesus also leiden und sterben muß, hat seinen direkten
Grund in der Ablehnung Jesu durch Menschen und seinen in-

Damals und heute

„Da verbot er ihnen, mit jemand über ihn zu sprechen . . .

Markus 8,30

Jesus gebot ihnen,
zu schweigen von dem, was er tat.
Aber es half nichts:
sie redeten doch,
redeten überall.

Uns gebietet Jesus,
zu reden von dem, was er tat.
Aber es hilft nichts:
wir bleiben stumm,
bleiben überall stumm.

Lothar Zenetti

direkten Grund im Willen des Gottes, der sich selbst an die Freiheit eben dieser Menschen gebunden hat. Diese Ablehnung Jesu vereitelt freilich nicht einfach den Auftrag, den Gott Jesus gegeben hatte (vgl. oben). Nein, Gott reagiert auf die Ablehnung Jesu mit einer erneuten Initiative seiner Liebe: Er erweckt Jesus vom Tod und Jesus setzt nun als Auferweckter die Ausführung dieses Auftrags über die Zeiten fort: Durch den Heiligen Geist, den er gibt, durch Wort, Sakrament und Zeugnis der Glaubenden (= Kirche).

Um zusammenzufassen: Das Kreuz als das provozierende Zeichen für das Leiden-Müssen Jesu zeigt also nicht die Grausamkeit Gottes, sondern die des Menschen. Es ist Zeichen der Geduld des liebenden Gottes und seines „Knechtes" Jesus, die auf den Mißbrauch der Freiheit nur mit der Erneuerung des Rettungsangebotes reagieren.

Da nahm Petrus Jesus beiseite ...

Daß Jesus leiden müsse, das treibt den Petrus, der – man entschuldige die Selbstironie – das eben gebotene Erklärungsgestammel leider noch nicht kannte, zum Widerspruch:

„Da nahm Petrus Jesus beiseite und machte ihm Vorwürfe. Jesus aber wandte sich um, sah seine Jünger an und wies Petrus mit den Worten zurecht: Weg mit dir, Satan, geh mir aus den Augen! Denn du hast nicht das im Sinn, was Gott will, sondern was die Menschen wollen" (V. 32-33).

Mit seinem Protest will Petrus erreichen, daß auch Jesus will, was er, Petrus, will, und was die Menschen überhaupt wollen: Das Leiden vermeiden! Und da ich das auch will, ist mir der Protest des Petrus sympathisch.

Zornig, ja verletzend klingt mir Jesu Zurückweisung des Petrus: „Weg mit dir Satan!" Dieser Ton verrät zunächst, daß es hier um das geht, was für Jesus das Heiligste ist: Den Willen Gottes! Petrus aber vertritt den Willen des Menschen – ähnlich wie der Satan bei der Versuchung Jesu in der Wüste (Mk 1,12). Ich frage mich freilich auch – ohne daß der Text diese Frage aufdrängen würde –, ob Jesus den Petrus auch deswegen so „überhart" anfährt, weil dessen Protest gegen den Leidensweg insgeheim an etwas im Innern Jesu selber rührt, was sich auch in ihm gegen diesen Weg sträubt, und was dann später aus ihm - dem auch „Versuchlichen" (Hebr 4,15) – nach außen durchbricht? Gerät Jesus nicht am Ölberg, als die dunkelste Phase dieses Weges beginnt, in „Furcht und Angst" und betet er nicht, „daß die Stunde, wenn möglich, an ihm vorübergehe" (Mk 14,33ff)? Und schreit er nicht aus der Finsternis der Kreuzesstunde das abgründige „Mein Gott, mein Gott, warum hast du mich verlassen?" (15,33f). Wehrt sich also Jesus in der Abweisung des Petrus zugleich gegen die andere Seite seiner eigenen Menschlichkeit?

Wer mein Jünger sein will, ...

Wenn Jesus den Leidensweg gehen muß, wird es dann bei denen, die von ihm her ihr Leben gestalten, anders sein? Vermutlich nicht, sagt mir die eigene Vernunft, aber überrascht bin ich dann doch von den so ganz „geradeheraus" geäußerten, jede freundliche Abschwächung vermeidenden Worten, mit denen Jesus zu dieser Frage Stellung bezieht. Markus fährt fort:

„Er (Jesus) rief die Volksmenge und seine Jünger zu sich und sagte: Wer mein Jünger sein will, der verleugne sich selbst, nehme sein Kreuz auf sich und folge mir nach (V. 34)."

Man sollte sich dieses anstößige Wort Jesu umschreibend wiederholen, um sicher zu gehen, daß man es auch wirklich kapiert hat: Wer – und das gilt für die Leute aus dem Volk und für die bereits berufenen Jünger – wer immer also von Jesus so tief erfaßt ist (vgl. dazu am Schluß des Artikels), daß er sich entscheidet, sein Leben aus dem Geist Jesu zu gestalten, d. h. wer „Jünger sein will", von dem verlangt Jesus zwei Lebenseinstellungen, die einem heutig-geprägten Menschen veraltet vorkommen müssen: Selbstverleugnung und Annahme des eigenen Kreuzes!

In Spontanreaktion möchte ich sagen: Hier wäre ein neuer Protest des Petrus angebracht! Wenn er für Jesus den Weg des Kreuzes ablehnt, muß er diesen Weg doch mindestens ebenso eindeutig für sich selber ablehnen. Oder braucht er Zeit, darüber nachzudenken, was „Selbstverleugnung" und „Sein Kreuz auf sich nehmen" wohl bedeuten können? Das wird jedenfalls erst in den folgenden Sätzen Jesu einigermaßen geklärt.

Wer sein Leben retten will ...

Jesus fährt fort:

„Denn wer sein Leben retten will, wird es verlieren, wer aber sein Leben um meinetwillen und um des Evangeliums willen verliert, wird es retten" (V. 35).

„Wer": Schon die Formulierung des Satzes fordert zur persönlichen Stellungnahme heraus: Es geht um je mein Leben. Wenn ich's retten will, werd' ich's verlieren; wenn ich's um Jesu und um des Evangeliums willen verliere, werde ich's retten! Paradox! Das Wort, das in allen Evangelien überliefert ist (Mk 8,35; Mt 15,25; Lk 9,24 und Joh 12,25), ist wohl absichtlich schwerverständlich formuliert, wie ein Koan, ein Rätselspruch in buddhistischer Meditationstechnik. So ein „Koan-Wort" muß „Widerhaken" haben, daß es nicht zum einen Ohr hinein und zum andren gleich wieder hinaus kann, daß es in Verstand und Herz hängen bleibt, Fragen und Gefühle auslöst, ja eine Veränderung bewirkt ...

Was von diesem „Koan Jesu" mir selber bisher klar geworden ist, kann ich in drei Ansätzen andeuten. Zwei davon gelten für jedermann, dem es um das Gelingen des eigenen Lebens geht. Der dritte gilt dem, der sein Leben in bzw. aus der Nachfolge Jesu gestaltet.

Wie Leben gelingen kann ...

„Wer sein Leben retten will ...!" Vielleicht versuche ich diese Rettung dadurch, daß ich in egoistischer Selbstverwirklichung das Beste aus meinem Leben machen will. Ich werde dann aber dieses Beste nicht finden, weil es ja ausgerechnet in jener mitmenschlichen Gemeinschaft und Liebe besteht, die ich in meiner egoistischen Ausrichtung unmöglich mache. Ich „verliere" bzw. „verspiele" so mein Leben. Aber auch umgekehrt: Wenn ich von dieser egoistischen Selbstverwirklichung ablasse und lerne, meine Selbstverwirklichung mit den anderen – ja vielleicht sogar für die anderen – zu erreichen, mache ich das Beste aus meinem Leben, „rette" es, auch wenn ich dabei etwas anderes – meine egoistischen Interessen nämlich – „verliere".

Auch das zweite Verständnis des „Koans Jesu" ist allgemeinmenschlich: Wenn ich mein Leben in dem Sinn „retten" will, daß ich alle Sorge und Mühe dafür aufwende, doch ja meine Gesundheit, mein Auskommen, meine Karriere und meinen gesellschaftlichen Status abzusichern, „vertue" ich mich, „verliere" ich mein Leben in übersteigerter Besorgtheit und ständiger Verzweckung. Wenn ich mich aber ändere, wenn ich mich für ein lohnendes Ziel vorbehaltlos einsetze und die bisherige ängstliche Selbstabsicherung aufgebe, dann gewinnt mein Leben an Fülle, Tiefe, Sinn und Freude, dann „rette" ich mein Leben.

Wie Leben in der Nachfolge Jesu gelingen kann ...

Streng genommen geht es Jesus höchstens nebenbei um allgemeinmenschliche Einsichten darüber, wie das Leben gelingen könne. Ihm geht es um den speziellen Lebensweg des Menschen, der Jesu Jünger sein will (V. 34). Was Jesus diesem Jünger bzw. dieser Jüngerin sagt, das läßt sich besser erfassen, wenn man das Johannesevangelium und einen Gedanken der paulinischen Theologie mit heranzieht. In ihrem Licht gewinnt das „Koan Jesu" an Eindeutigkeit und Verständlichkeit. Während nämlich Markus nur das eine griechische Wort „Psyche" für das zu verlierende und das zu rettende Leben benützt hat, verwendet Johannes deren zwei: „psyche" und „zoe". Bei ihm lautet das Wort (12,25): „Wer an seinem Leben (= psyche) hängt, verliert es; wer aber sein Leben (= psyche) in dieser Welt gering achtet, wird es bewahren bis ins ewige Leben (= zoe)." Was bedeuten die zwei griechischen Worte? Mit „psyche – Leben in dieser Welt" meint Johannes die Gestaltung jetzigen Lebens „im Geist dieser Welt". Mit dem „ewigen zoe – Leben" meint er die durch den Glauben ermöglichte „Veränderung dieses jetzigen Lebens im Sinne des Lebensmodells Jesu".

Bei Paulus wird die Theorie konkreter ausgefaltet. Er spricht vom „Alten" und vom „Neuen Menschen" und fordert die Glaubenden auf: „Legt den alten Menschen ab, der in Verblendung und Begierde zugrunde geht; ändert euer früheres Leben und erneuert euren Geist und Sinn! Zieht den neuen Menschen an ...!" (Eph 4,22-24).

Von Johannes und Paulus her zeigt sich jetzt das „Koan-Wort" vom Verlieren oder Retten des Lebens als ein Lebensgesetz für jeden, der „Jesu Jünger sein will" (V. 34). Es macht mich darauf aufmerksam, daß ich von zwei Lebenstendenzen bewegt bin, die miteinander konkurrieren. Das Leben-Wollen „im Geist dieser Welt" (psyche) ist die eine. Wenn ich mich durch sie bestimmen lasse, bin ich egozentrisch ausgerichtet (vgl. Mk 4,19), möchte von Gott absehen (vgl. Mk 7,6) und den Mitmenschen als Mittel zum eigenen Glück mißbrauchen (Mk 7,21). In mir ist aber auch – von der Glaubensentscheidung und der Taufe her – die andere von Gott geschenkte Lebenstendenz: Das Leben-Wollen „im Geiste Jesu" (zoe).

Wenn ich nun dem „Leben-Wollen im Geist dieser Welt" die Zügel überlasse, beeinträchtige, schwäche, ja schließlich „verliere" ich das Leben im Geist Jesu. Wenn ich dagegen mein „Leben-Wollen im Geist dieser Welt" immer dann nicht zum Zuge kommen lasse, wenn es im Gegensatz zum Geist Jesu steht, dann „rette" ich mein eigentlich gewolltes Leben, das der Nachfolge Jesu. Weil dies aber Widerstandskraft gegenüber meinen eigenen Lebenstendenzen – denen des „alten Menschen" – erfordert, redet Jesus hier von „Selbstverleugnung" und vom „Auf-sich-Nehmen des eigenen Kreuzes".

Am Erfaßtsein durch Jesus hängt alles

Eigentlich möchte ich jetzt – Petrus erneut zum Vorbild nehmend – nochmals protestieren. Verlangt Jesus da nicht etwas, was zu schwer ist? Sind zu diesem „Retten des Lebens" nicht doch nur die willensstarken Typen fähig? Jesus sieht die Sache anders. Er setzt nicht beim starken Wollen des Menschen an, sondern bei der Wurzel des Wollens, der Zustimmung zu bzw. der Begeisterung für Jesus und seine Botschaft. Er sagt ja im oben besprochenen „Koan": „Wer sein (egoistisch orientiertes) Leben um meinetwillen und um der Frohbotschaft willen verliert, wird es retten!" „Um meinetwillen" – das heißt „wegen mir", „weil ich ihm ganz wichtig bin".

Jesus setzt hier voraus, daß ich ihn und seine Bedeutung für mich tief erfasse bzw. erfaßt habe, und daß ich auch tief von ihm erfaßt werde bzw. bin. So tief, wie es die Sätze ausdrücken: Dir, Jesus, verdanke ich, daß ich jenen Gott gefunden habe, der mich geschaffen hat, der mich beim Namen nennt, der mir die Annahme meiner selbst und meines Lebens ermöglicht; jenen Gott, dem ich in allen Ängsten durch ein Grundvertrauen verbunden bin, der mir zwar das Leid nicht erspart, aber doch die Kraft gibt, es zu tragen! Dir, Jesus, verdanke ich die Dynamik, die in mein Leben gekommen ist, weil Du mich aus meinem Egoismus je neu zur Mitmenschlichkeit rufst; weil Du mir Hoffnung gibst in den dunklen Phasen meines Lebens, ja auch dann, wenn ich an der Grenze dieses Lebens angelangt bin; weil Du mir die Freuden des Lebens durch Deine Frohbotschaft erst wirklich beglückend und köstlich machst ...

Wer diese zwei Worte „um meinetwillen" so oder ähnlich füllen kann, hat etwas von der Erfaßtheit durch Jesus verschmeckt. Er „will Jünger sein" (V. 34). Wer das nicht – oder nicht mehr – kann, sollte sich neu auf die Suche danach machen. Ohne diese Erfaßtheit ist es sehr mühsam, als Jesu Jünger oder Jüngerin zu leben.

Josef Heer

Die Lieder
schön vorgedruckt,
die Gebete
gut vorformuliert,
die Predigt
gründlich vorbereitet,
die Lesung
genau vorgeschrieben.

Das Evangelium
steht auf einem andern Blatt.

Petrus Ceelen

Christsein:
Nachfolge des Gekreuzigten

Aus dem „Gemeindekapitel": Mk 10,32-45

[32] *Während sie auf dem Weg hinauf nach Jerusalem waren, ging Jesus voraus. Die Leute wunderten sich über ihn, die Jünger aber hatten Angst. Da versammelte er die Zwölf wieder um sich und kündigte ihnen an, was ihm bevorstand.* [33]*Er sagte: Wir gehen jetzt nach Jerusalem hinauf; dort wird der Menschensohn den Hohenpriestern und den Schriftgelehrten ausgeliefert; sie werden ihn zum Tod verurteilen und den Heiden übergeben;* [34]*sie werden ihn verspotten, anspucken, geißeln und töten. Aber nach drei Tagen wird er auferstehen.* [35]*Da traten Jakobus und Johannes, die Söhne des Zebedäus, zu ihm und sagten: Meister, wir möchten, daß du uns eine Bitte erfüllst.* [36]*Er antwortete: Was soll ich für euch tun?* [37]*Sie sagten zu ihm: Laß in deinem Reich einen von uns rechts und den andern links neben dir sitzen.* [38]*Jesus erwiderte: Ihr wißt nicht, um was ihr bittet. Könnt ihr den Kelch trinken, den ich trinke, oder die Taufe auf euch nehmen, mit der ich getauft werde?* [39]*Sie antworteten: Wir können es. Da sagte Jesus zu ihnen: Ihr werdet den Kelch trinken, den ich trinke, und die Taufe empfangen, mit der ich getauft werde.* [40]*Doch den Platz zu meiner Rechten und zu meiner Linken habe nicht ich zu vergeben; dort werden die sitzen, für die diese Plätze bestimmt sind.* [41]*Als die zehn anderen Jünger das hörten, wurden sie sehr ärgerlich über Jakobus und Johannes.* [42]*Da rief Jesus sie zu sich und sagte: Ihr wißt, daß die, die als Herrscher gelten, ihre Völker unterdrücken und die Mächtigen ihre Macht über die Menschen mißbrauchen.* [43]*Bei euch aber soll es nicht so*

sein, sondern wer bei euch groß sein will, der soll euer Diener sein, ⁴⁴und wer bei euch der Erste sein will, soll der Sklave aller sein. ⁴⁵Denn auch der Menschensohn ist nicht gekommen, um sich dienen zu lassen, sondern um zu dienen und sein Leben hinzugeben als Lösegeld für viele. (Mk 10,32-45).

Der Text gliedert sich deutlich in zwei Teile (oben ist er nicht gegliedert, damit man ihn als Kopiervorlage für die Gruppenarbeit gebrauchen kann): In 10,32-34 finden wir die dritte Ankündigung von Leiden und Auferstehung Jesu im Markusevangelium; es folgt eine Belehrung der Jünger über Herrschen und Dienen, die ihrerseits in zwei Teile gegliedert ist: 10,35-40.41-45.

Den Weg Jesu mitgehen (Mk 10,32-34)

Am Anfang steht ein eindrucksvolles Bild: Jesus geht den Weg nach Jerusalem, den Jüngern voraus. Es ist der Weg in den Tod. Der Text steht in auffälligem Kontrast zum folgenden Abschnitt: Jesus nähert sich Jerusalem, die Katastrophe des Kreuzes kommt in den Blick – und die Jünger tragen ihre ehrgeizigen Rangstreitigkeiten aus. Schon in Mk 8,27-33 und Mk 9,31 finden sich solche Leidensankündigungen. Es ist möglich, daß Markus sie hier noch einmal eingefügt hat, um auf den Widersinn der Karrieregedanken der Jünger drastisch hinzuweisen. Die Leidensansage hat, unmittelbar vor der eigentlichen Passionserzählung ab Kap. 11, eine herausragende Bedeutung erhalten. Sie ist ausführlicher gehalten als in 8,31 und 9,31 und nimmt bereits die Stationen der Leidensgeschichte vorweg.

Markus setzt eine größere Zahl von Leuten als Begleiter Jesu voraus, aus der dann die Zwölf herausgehoben werden. In 15,40f wird er die Frauen erwähnen, die Jesus schon in Galiläa nachgefolgt waren und bis zuletzt bei der Kreuzigung aushalten – im Gegensatz zu den kopflos fliehenden Jüngern (Mk 14,50). Ganz bewußt wird erzählt, daß Jesus vorausgeht – die anderen werden zu Nachfolgern. Nachfolge Jesu ist Kreuzesnachfolge.

104   Ausdrücklich wird erwähnt, daß die Jünger erschrecken und sich fürchten – das stand so in 8,27-33 und 9,31 noch nicht. Erschrecken sie über die Konsequenzen, die der Gang Jesu in den Tod für ihre eigene Lebensplanung und Selbsteinschätzung haben wird? Oder ist es schon wie in 16,8 das Erschrecken über das in Tod und Auferweckung geschehene Handeln Gottes?

Jesus geht seinen Weg aus eigenem Entschluß; er geht freiwillig den Weg ans Kreuz. Man achte auf die Formulierung im Passiv: Er wird ausgeliefert. Was Jesus in seinem Kreuzestod widerfährt, ist nicht ein blindes Geschick oder Unglück. Hinter dem Tun der Menschen, die ihn ans Kreuz bringen, steht Gottes (unbegreiflich bleibender) Wille. Das will Markus ausdrücklich betonen. Neben den Hohenpriestern und Schriftgelehrten werden die Heiden (also die römischen Behörden) als Mitverantwortliche für den Tod Jesu benannt. Vielleicht ist das eine judenchristliche Tradition. Sie ist deswegen für uns so wichtig, weil in den Passionserzählungen zunehmend die Tendenz aufkommt, die Verantwortung der römischen Instanzen zu Lasten der jüdischen herunterzuspielen. Und das hatte fatale Folgen für die spätere Einstellung von Christen zu ihren jüdischen Mitbürgern. Dieses Problems müssen wir uns viel bewußter werden, damit sich die böse Geschichte von Christen gegenüber Juden nicht wiederholen kann!

Mit ziemlicher Sicherheit sind die Ankündigungen Jesu von seinem Leiden und seiner Auferstehung erst nachösterlich formuliert. Auf gar keinen Fall jedenfalls dürfen wir die Leidensankündigungen dazu benutzen, die menschliche Angst Jesu in den Passionserzählungen herunterzuspielen. Andererseits wird man nicht bestreiten können, daß Jesus sich dessen bewußt war, in welch tödliche Gefahr er sich mit seinem Weg nach Jerusalem begab. Doch ist der vorliegende Text schon sehr stark von Ostern her formuliert. Jesus ist der Menschensohn, der überlegen und bewußt den Weg geht, den Gott ihm bestimmt hat.

Im folgenden wird sich zeigen: Die Jünger „gehen zwar ihrem Meister auf dem Weg nach, aber zur bewußten Nachfolge sind sie noch nicht fähig" (J. Gnilka).

Jakobus und Johannes zeigen mit ihrer Bitte, daß sie nichts verstanden haben. Nicht ohne leichte Ironie wird erzählt, wie sie ihre Bitte vorsichtig vorbereiten, fast als wären sie sich ihrer Unangemessenheit bewußt.

Die beiden Brüder spielen innerhalb der Jüngergruppe eine besondere Rolle (in Mk 9,2 nimmt Jesus sie neben Petrus auf den Berg der Verklärung mit; auch in der Szene der Todesangst Jesu in Getsemani werden sie herausgehoben: Mk 14,33). Gerade sie zeigen sich völlig unverständig. Der Kontrast zum Vorhergehenden wird noch dadurch verschärft, daß die beiden auf die Leidensankündigung Jesu überhaupt nicht reagieren, sondern gleich mit ihrer Bitte um die Ehrenplätze herausrücken; sie scheinen wie von Blindheit befallen.

Die Bitte der Zebedäus-Söhne scheint eine wirkliche historische Erinnerung festzuhalten. Markus gibt sie hier nicht wieder, um die beiden bloßzustellen, sondern um eine Gefahr zu benennen, der Christen (besonders ihr Führungspersonal!) nicht aufmerksam genug begegnen können. Die beiden Brüder möchten schon jetzt Anteil an der Herrlichkeit Jesu haben, wie Petrus bei der Verklärung in Mk 9,5 Hütten hatte bauen wollen. Sie möchten „neben" Jesus sitzen; sie möchten in der Nähe Jesu sein, möchten natürlich auch an seiner Macht teilhaben. Mit dem Reich ist die Machtfülle des verherrlichten Christus gemeint, der mit großer Macht und Herrlichkeit kommen wird (Mk 8,38;13,26). An dieser Machstellung Jesu im kommenden Reich Gottes möchten die Brüder teilhaben – und dabei wollen sie die Kreuzesnachfolge überspringen. Sie wollen gleich die Herrlichkeit – ohne das Kreuz. Mit einer ähnlichen Mentalität hatte der Apostel Paulus übrigens in der Korinthergemeinde zu kämpfen . Dort gab es eine Gruppe von Christen, die glaubte, schon in der Vollendung zu leben und das Kreuz bereits hinter sich zu haben.

Jesus weist die Jünger nicht zurecht, sondern macht ihnen die Konsequenzen deutlich, die ihnen die Gemeinschaft mit ihm

Segen im Alter

Sei gesegnet,
leises Leben.

Sie gesegnet,
schwaches Auge.

Sei gesegnet,
welke Hand.

Sei gesegnet,
müder Fuß.

Sei gesegnet,
faltiges Gesicht.

Sei gesegnet,
stille Heiterkeit.

Christa Peikert-Flaspöhler

108   einbringen wird. Wenn er ihnen sagt, sie wüßten nicht, um was sie ihn bitten, so meint er: „Ihr wißt nicht, worum es in meiner Nachfolge eigentlich geht" (K. Kertelge). Mit den Bildworten vom Kelch und von der Taufe sagt Jesus ihnen das Martyrium voraus. Hier nur zwei alttestamentliche Beispiele, für das Bildwort vom Becher: „Ja, in der Hand des Herrn ist ein Becher, herben, gärenden Wein reicht er dar; ihn müssen alle Frevler der Erde trinken, müssen ihn samt der Hefe schlürfen!" (Ps 75,9). Auch die Wasserfluten sind im Alten Testament oft Bild des den Menschen verschlingenden Unheils: „Mich umfingen die Fesseln des Todes, mich erschreckten die Fluten des Verderbens" (2 Sam 22,5; vgl. Ps 42,7f).

Jesus wird in Jerusalem leiden und scheinbar scheitern. Das Leiden, so will er den beiden Brüdern deutlich machen, ist auch der normale Weg seiner Jünger. Können sie das akzeptieren? Das ist der eigentliche Inhalt der Frage Jesu. Die beiden antworten forsch und selbstsicher und werden dann doch beim Leiden Jesu davonlaufen.

Daß Jesus die Bitte seiner Jünger abweisen muß, hat seinen tiefsten Grund allerdings darin, daß Gott allein es ist, der solche Ehrenplätze zuteilen kann. Wieder umschreibt das Passiv das Handeln Gottes. Er allein ist zuständig.

Jesus geht den Jüngern nach Jerusalem voraus, doch sie verweigern eigentlich die Nachfolge, auch wenn sie äußerlich mitgehen. Jesus muß sie korrigieren. Nicht die Erwartung besonderer Auszeichnung, sondern die Bereitschaft zur Nachfolge in den Tod soll den Jünger bestimmen.

„Bei euch aber soll es nicht so sein..." (Mk 10,41-45)

Daß die anderen Jünger auf die beiden karrierebewußten Brüder ärgerlich werden, ist nach der Schelte durch Jesus eigentlich überflüssig. Hier hat Markus offenbar einen Übergang geschaffen, um eine weitere Belehrung durch Jesus anfügen zu können, die ihm offenbar bitter nötig schien.

Es ist fast erschreckend, wie nüchtern Jesus den Machtmiß-
brauch der Herrschenden fast als selbstverständlich voraussetzt.
Sehr nüchtern stellt er fest, daß es eben so ist. Jesus übt massive
Kritik an den politischen Verhältnissen seiner Zeit. Vielleicht hat
Markus sogar ganz konkret die Despotie des Kaisers Nero im
Blick. Man sollte sorgfältig auf die Formulierung des Markus
achten. Wörtlich spricht er von denen, „die zu herrschen
scheinen"; die Einheitsübersetzung gibt das angemessen wieder.
Hier wird kritische Distanz gegenüber politischer Macht spürbar.
Sie wird relativiert, vor allem wird sie aller göttlichen Legitimation
entkleidet.

Wenn Jesus hier ohne alle Differenzierungen und Zwischen-
töne vom Machtmißbrauch der Herrschenden spricht, so geht es
ihm vor allem darum, zu zeigen, was in seiner Nachfolge
jedenfalls nicht sein darf. Dreimal heißt es ausdrücklich „unter
euch". In der Gemeinde sollen sich solche Formen des Umgangs
mit menschlicher Macht nicht breitmachen. Dabei geht es einmal
um die, die in der Gemeinde führende Ämter beanspruchen, es
geht natürlich auch um das Verhalten der Christen untereinan-
der.

In der Demutsregel in Mk 9,35 ist davon die Rede, der Erste
solle der Diener aller sein. Das wird in Mk 10,44 kräftig verstärkt:
Er soll der „Sklave" aller sein. Damals war der Gegensatz
zwischen Freien und Sklaven bis in die Gemeinden hinein
spürbar! Mit einem solchen Wort wirft der Evangelist der
Gemeinde einen schwer verdaubaren Brocken hin!

An der Schlußmahnung in V.45 merkt man, daß Markus das
ganze Leben Jesu im Auge hat. Es war ein Leben für die
Menschen, es war Dienst an ihnen. Das ist und bleibt verpflicht-
endes Vorbild für alle Christen. Jesu Leben „für" die Menschen
wurde von den Jüngern zunächst ganz konkret erlebt als Eintreten für Kranke, Schwache, Behinderte, geächtete Menschen; in
der Lebenshingabe am Kreuz erweist es sich als Leben „für viele".
Das Motiv vom Lösegeld meinte in der damaligen Zeit die Ablöse-
summe beim Freikauf von Sklaven. Jesus springt für die

Menschen in die Bresche, sein ganzes Leben ist Leben für andere, für viele. Im Hintergrund stehen hier auch Aussagen wie Jes 53,10-12: *„Doch der Herr fand Gefallen an seinem zerschlagenen (Knecht), er rettete den, der sein Leben als Sühnopfer hingab. Er wird Nachkommen sehen und lange leben. Der Plan des Herrn wird durch ihn gelingen. Nachdem er so vieles ertrug, erblickt er das Licht. Er sättigt sich an Erkenntnis. Mein Knecht, der gerechte, macht die vielen gerecht; er lädt ihre Schuld auf sich. Deshalb gebe ich ihm seinen Anteil unter den Großen, und mit den Mächtigen teilt er die Beute, weil er sein Leben dem Tod preisgab und sich unter die Verbrecher rechnen ließ. Denn er trug die Sünden von vielen und trat für die Schuldigen ein."*

Der Evangelist Markus bzw. die Tradition, die er überliefert, reflektiert bereits Herrschaftsprobleme in der frühen Kirche. Wir dürfen die Verhältnisse in den frühen Gemeinden nicht idealisieren. Offenbar bestand schon damals, von Anfang an, die große Gefahr, Aufgaben in der Gemeinde mit Herrschaftsansprüchen zu überfremden.

Denkanstöße für heute

1. Das Verhalten der Zebedäus-Söhne wirkt grotesk. Wenn der Evangelist Markus diese Bitte unmittelbar an die Leidensansage Jesu anschließt, liefert er einen an Deutlichkeit kaum zu überbietenden Kommentar dazu. Jesus nachfolgen wollen und gleichzeitig an seiner kirchlichen Karriere stricken – das schließt sich aus.

2. Leitbild für jedes kirchliche Amt ist das dienende Vorbild Jesu, der für die Durchsetzung seiner Botschaft auf jedes Machtmittel verzichtet hat; ihm wäre wohl schon das Wort „Durchsetzung" fremd gewesen. Wer im Sinne Jesu sein Amt ausübt, wird verletzlich wie er.

3. Die Gefahr, unter dem Vorwand des Dienens auf subtile Weise Macht ausüben zu wollen, ist riesig groß, die Gefahr der

Selbsttäuschung auch. „In der Kirche kann nur der zur Autorität werden, der von sich selbst und seinen eigenen Interessen absieht" *(Gerhard Lohfink).*

4. Das Wort „Dienen" steht nicht hoch im Kurs. Vielleicht ist es durch einen übertriebenen innerkirchlichen Gebrauch abgenutzt und unbrauchbar geworden. Recht verstanden meint es nicht eine verquälte Demut, sondern zeigt positive Möglichkeiten des Lebens auf. Ein Wort der evangelischen Theologin Dorothee Sölle kann diese Chancen verdeutlichen:

„Ich halte Jesus von Nazaret für den glücklichsten Menschen, der je gelebt hat. Jesus erscheint in der Schilderung der Evangelien als ein Mensch, der seine Umgebung mit Glück ansteckte, der seine Kraft weitergab, der verschenkte, was er hatte. Das Glück, das ein Mensch ausstrahlen kann, läßt Rückschlüsse zu auf das, das er selber erfahren hat. Auch für Jesus gilt: Je mehr Glück, umso mehr Fähigkeit zu wirklicher Preisgabe. Von Christus ist zu lernen: je glücklicher einer ist, umso leichter kann er loslassen. Seine Hände krampfen sich nicht um das ihm zugefallene Stück Leben. Da er die ganze Seligkeit sein nennt, ist er nicht aufs Festhalten erpicht. Seine Hände können sich öffnen."

5. Das Wort Jesu spricht kritisch auch in unsere gegenwärtige Gesellschaft mit ihren Maßstäben. Es ist geradezu ein Kontrastprogramm zur heutigen Leistungsgesellschaft und unseren fast schon selbstverständlichen Lebenszielen: Der Erste sein, der Beste sein, nach oben kommen, Karriere machen, Macht und Einfluß gewinnen, Konkurrenten hinter sich lassen, in eine höhere Position aufsteigen... Vor Übertreibungen allerdings müssen wir uns hüten. Ehrgeiz, Durchsetzungsvermögen und Zielstrebigkeit sind nicht von vornherein etwas Schlechtes. Doch ist es lebenszerstörend, wenn das Streben nach oben zum einzigen Lebensinhalt wird.

6. Die Gesetze, die in der Welt gelten, werden von Jesus unverblümt mit „unterdrücken" und „Macht mißbrauchen" umschrieben. Leider bietet der Zustand der gegenwärtigen Welt

viele Bestätigungen dafür. Jesus setzt dem seine Vision eines herrschaftsfreien Umgangs miteinander entgegen, des Respekts vor der Würde eines jeden. Damit nimmt er zunächst uns selbst in die Pflicht. Macht ausüben über andere – das kann auch auf sehr subtile, versteckte Weise geschehen: Wenn Eltern ihre Kinder nicht loslassen können, Partner einander unter Druck setzen ... immer stellt sich die Frage: „Geht es mir um mich und nur vorgeblich um den anderen?"

Bibelarbeit

1. Auf den Bibeltext zugehen

Erster Schritt
Was bedeutet für Sie persönlich Glück oder gelungenes Leben? Methodische Möglichkeiten zur Auswahl:
a) Fotosprache. Im Raum liegen Fotos aus. Die Teilnehmer gehen an den Fotos entlang und suchen sich eines davon aus unter dem Gesichtspunkt: Was ist für mich persönlich Glück? Anschließend legen sie nacheinander die Fotos in die Mitte und äußern sich dazu.
b) Bei leiser Musik schreiben die Teilnehmer ihre Antworten auf kleine Zettel. Anschließend ein Austausch zu zweit und evtl. noch ein kurzer Austausch in der Gesamtgruppe
c) In der Mitte der Runde liegt ein Plakat mit der Aufschrift „Glück ist für mich..." Bei leiser Musik schreiben die Teilnehmer mit Filzstift nacheinander ihre Äußerungen dazu.

Zweiter Schritt
Den Text von Dorothee Sölle (vgl. oben) vorlesen und anschließend austeilen. Gespräch in der Gruppe: Wo korrigiert er meine Glückserwartungen?

Erster Schritt
Lesen des Textes mit verteilten Rollen.

Zweiter Schritt
Arbeit zu zweit: Den Text gliedern.

Dritter Schritt
Gespräch im Plenum: Warum verbindet Markus bzw. seine Tradition die Leidensansage mit der Bitte der Zebedäus-Söhne und der anschließenden Belehrung Jesu? Was mag ihn dazu motiviert haben? Hier auch Informationen des Leiters zum Text.

3. Mit dem Bibeltext weitergehen

Erster Schritt
Gespräch zu zweit: Wo ist „Machtmißbrauch"' ein Problem in meinem eigenen Umfeld? Wo erleide ich ihn, wo stehe ich selber in Gefahr, auf unangemessene Weise Macht über andere auszuüben?

Zweiter Schritt
Weiterführung und Vertiefung des Gesprächs im Plenum. Dabei ist auf Diskretion zu achten; niemand *muß* etwas sagen.

Dritter Schritt
Welche Denkanstöße kann uns der Text geben? Wo fordert er von uns selbst Verhaltensänderungen ein? Können wir mit den Motivierungen des Textes etwas anfangen?

Vierter Schritt
Der Text wird noch einmal gelesen. Danach meditative Musik oder ein Lied oder Gebet.

Franz Josef Ortkemper

*I*ch will
eine Zeichnung machen,
die einen Menschen zeigt,
der das Leid der Welt sieht.
Kann das
nicht nur Jesus sein?

Käthe Kollwitz

„Wahrhaftig, dieser Mensch war Gottes Sohn!"

Die Passionsgeschichte nach Markus

Im Paedagogicum, einer antiken Schule am Hange des Palatins in Rom, ist ein Kreuz mit einem Esel in die Wand geritzt. Eine Kritzelei eines Schülers, die offensichtlich macht, welchen Skandal es für die antike Welt bedeutete, einen Gekreuzigten als Sohn Gottes zu verehren. „Für Juden ein empörendes Ärgernis, für Heiden eine Torheit" (1 Kor 1,23) - Paulus gibt wieder, was viele Menschen in damaliger Zeit angesichts christlicher Verkündigung empfanden.

Damit wird das Dilemma sichtbar, in dem die ersten Christen steckten: Auf der einen Seite waren sie fest davon überzeugt, daß ihnen in diesem gekreuzigten Jesus von Nazaret Gott selbst begegnet ist. Die Erfahrung, daß Gott Jesus und damit auch seine Botschaft vom nahen Reich Gottes nicht im Tod belassen, sondern auferweckt hat zum Leben, hatte sie in diesem Glauben bestärkt. Das Osterereignis war das Fundament ihres Glaubens.

Auf der anderen Seite war gerade das der antiken Welt kaum begreiflich zu machen, daß ausgerechnet dieser wie ein Verbrecher gekreuzigte Mensch Gottes Sohn sein solle. Die Absurdität des Todes Jesu ließ die Urchristenheit fragen: Warum mußte der, den wir als das Heil der Welt erfahren haben, einen so erbärmlichen Foltertod sterben?

Das Ringen der ersten Christen um diese Frage schlägt sich natürlich auch in literarischen Texten nieder, in Bekenntnisformeln, Liedern und Hymnen. Sehr bald begannen die Urchristen jedoch auch, die Frage nach dem Tod Jesu erzählerisch zu bewältigen. Sie erzählten die Passionsgeschichte, allerdings nicht in erster Linie, um einen historischen Bericht von den tatsächlichen Ereignissen zu geben. Das wird uns deutlich, wenn wir die Passionsgeschichten der vier Evangelien nebeneinander legen und vergleichen. Sie berichten uns oft höchst Unterschiedliches, teilweise gar Widersprüchliches.

Nein, die Passionsgeschichten haben kein primär historisches Interesse, auch wenn sie sicherlich historische Fakten beinhalten. Das erste Interesse der Evangelisten ist jedoch, von ihrem Glauben zu erzählen, warum eben dieser gekreuzigte Jesus von Nazaret für sie der Sohn Gottes ist. Passionsgeschichten sind in diesem Sinne erzählende Predigt, Glaubenszeugnis der ersten Christen.

Die älteste Passionsgeschichte ist uns, wie die Exegeten vermuten, nicht mehr schriftlich überliefert. Die des Evangelisten Markus dürfte ihr jedoch besonders nahe kommen. Markus ist wohl der erste der Evangelisten, der sich erzählerisch mit der Absurdität des Kreuzes auseinandersetzt.

Die Passionsgeschichte ist das Herzstück seines Evangeliums. M.Kähler nennt das Markus-Evangelium deshalb gar eine „Passionsgeschichte mit ausführlicher Einleitung". Alles läuft bei Markus auf die Passion hinaus. Alles läuft daraufhin, daß der heidnische Hauptmann unter dem Kreuz bekennt: „Wahrhaftig, dieser Mensch war Gottes Sohn!"

Aber beginnen wir unsere Reise durch die markinische Passionsgeschichte nicht am Ende, sondern am Anfang dieser eindrücklichen Glaubenserzählung.

Der Weg geht nach Jerusalem

Der Weg Jesu, wie ihn uns das Evangelium schildert, geht kontinuierlich nach Jerusalem. Er mag wohl selbst gespürt haben, daß seine Botschaft dem religiösen Bewußtsein der Mächtigen in Jerusalem zutiefst widersprach. Andererseits war es ihm zu wenig, nur die paar Menschen, die jetzt schon um ihn waren, zu erreichen.

Jesus hatte dem ganzen Volk Israel etwas zu sagen. Deshalb reichte es ihm nicht aus, sich in der gemütlichen Atmosphäre einer ihm treuen Jüngerschaft einzunisten. Jesus wollte keine Sekte, zunächst sicherlich auch keine sich um ihn scharende Gemeinde. Jesus wollte die Botschaft Gottes verkünden, und die galt dem ganzen Volk Israel.

Deshalb ging Jesus nach Jerusalem. Er wollte, er mußte sich mit seiner Religion und damit auch mit den Mächtigen dieser Religion auseinandersetzen. Er konnnte und wollte nicht davor zurückschrecken, den religiösen Führern in Jerusalem deutlich zu machen, daß sie sich auf einem falschen Weg befanden.

Jesus ging nach Jerusalem, weil er die Menschen in ihrem Glauben auf den richtigen Weg führen wollte: weg von einem Gottesbild, das Herrschaft und Macht, Ausgrenzung und Klassifizierung von Menschen legitimiert, hin zu einem Gott, der Menschen aufrichten und befreien, der Menschen ein neues Selbstbewußtsein und Kraft zum eigenen Weg geben will. Jesus wollte zwischen Gesetzen und Paragraphen, Hierarchien und religiösen Institutionen wieder das freilegen, was eigentlich Gottes Wille ist: die Liebe zum Menschen.

Diese Überzeugung hatte Jesus den Menschen in Galiläa auf eindrückliche Weise deutlich gemacht: in Wort und Tat. Er hätte dort bleiben können, und es wäre ihm sicherlich gut gegangen. Aber hätte er damit wirklich etwas geändert, hätte er damit in seiner Religion etwas bewegt?

Der Tod droht – eine Frau begreift (Mk 14,1-11)

Jesus ging nach Jerusalem. Sehr bald jedoch mußte er erkennen, daß seine Botschaft, die Reform, die Sinneswandel, die Umkehr wollte, bei den Hohenpriestern und Schriftgelehrten auf wenig Gegenliebe stieß. Eine Religion ohne Hierarchie wäre das Ende der Macht gewesen, die sich die Tempelhoheit jedoch nicht nehmen lassen wollte. Jesus rüttelte an den Fundamenten. Es gab deshalb nur zwei Möglichkeiten für die Hohenpriester und

Schriftgelehrten: ihm auf seinem Weg zu folgen, damit aber einem radikalen Sinneswandel nachzugeben und auf eigene Herrschaftsmöglichkeiten zu verzichten, oder Jesus zu bekämpfen.

Mk erzählt uns: „Die Hohenpriester und die Schriftgelehrten suchten nach einer Möglichkeit, Jesus mit List in ihre Gewalt zu bringen, um ihn zu töten. Sie sagten aber: Ja nicht am Fest, damit es im Volk keinen Aufruhr gibt." (14,1f) Alles soll bleiben wie es ist. Der Reformer soll still und leise entfernt werden.

In Judas Iskariot finden sie einen Jünger Jesu, der dazu bereit ist, ihnen eine günstige Möglichkeit zu liefern, Jesus still und heimlich unter Ausschluß der Öffentlichkeit aus dem Verkehr zu ziehen. Warum? Der Evangelist Markus verschweigt es uns. Judas scheint ihm nicht besonders wichtig zu sein. Er moralisiert nicht gegen ihn. Judas ist Handlanger der religiösen Machtschicht, die verhindern will, daß sich Jesu Botschaft durchsetzt. Aber Jesus hält an seiner Botschaft fest, auch wenn es gefährlich wird.

Er sieht den drohenden Tod vor Augen. Seine Jünger begreifen all das noch nicht, einzig und allein eine Frau aus Betanien, die Jesus den letzten Liebesdienst erweist: sie salbt ihn auf den Tod hin. Sie spürt, daß der Tod die letzte Konsequenz der Botschaft Jesu ist, daß es kein Zurück mehr für ihn gibt. Eine Flucht hätte das Ende seiner Botschaft bedeutet.

Während die Jünger sich auf der materiellen Ebene über die Verschwendung des kostbaren Öls entrüsten, macht Jesus deutlich, daß diese Frau auf einer viel tieferen, ideellen Ebene begriffen hat, wie kostbar Jesus seine Frohbotschaft, sein Evangelium ist, daß er an ihm bis zur Konsequenz des Todes festhält. Deshalb sagt Jesus. „Überall auf der Welt, wo das Evangelium verkündet wird, wird man sich an sie erinnern und erzählen, was sie getan hat." (14,9)

Mein Leib – mein Blut, das Blut des Bundes! (Mk 14,12-25)

Das Pascha-Mahl naht. Jesus erinnert sich mit seinen Jüngern an die fundamentale Gotteserfahrung des Volkes Israel:

120 die Befreiung aus der Knechtschaft in Ägypten. Bei diesem Mahl geschieht Außergewöhnliches: Jesus deutet das Brot als seinen Leib und den Wein als sein Blut, als „das Blut des Bundes, das für viele vergossen wird".

Was einst das Volk Israel in Ägypten erfahren hat, geschieht nun auch in der Person Jesu: Gott wirkt befreiend in seinem Volk. Für diese Botschaft vom befreienden Reich Gottes steht Jesus mit Leib und Blut ein. Er hat für diese Botschaft gelebt und scheut auch den Tod nicht, um weiterhin glaubwürdig für diese Freiheit einzustehen, die das Volk Israel als Gabe Gottes schon in Ägypten erfahren hat.

Jesus macht seinen Jüngern deutlich, daß das Pascha-Mahl, das er mit ihnen feiert, nicht einfach nur ein Blättern im Erinnerungsalbum des Volkes Israel ist. Der befreiende Gott ist mitten unter uns, in Leib und Blut, in Leben und Sterben Jesu. Jesus will diesen Bund der Freiheit zwischen Gott und Israel erneuern. Dafür steht er mit seinem Leben ein. Sein Blut wird für viele vergossen. Auch hier gilt, was vordem schon von Jesus gesagt worden war: Er will nicht nur ein kleines Grüpplein von Menschen erreichen, sondern viele.

Und er macht seinen Jüngern deutlich, daß das Reich Gottes mit seinem Tod nicht aufhört. Jesus und seine Botschaft werden in seiner Auferstehung von Gott bewahrheitet: „Amen, ich sage euch: Ich werde nicht mehr von der Frucht des Weinstocks trinken bis zu dem Tag, an dem ich von neuem davon trinke im Reich Gottes." (14,25) Das Reich Gottes ist nicht tot. Das ist der tiefe Glaube des Evangelisten Markus, der uns das alles erzählt. Das Reich Gottes ist eine lebendige Wirklichkeit, die uns über den Tod Jesu hinaus mit ihm verbindet.

Dem Todes ausgeliefert – von allen verlassen (14,26-52)

Nach dem Mahl nimmt die Geschichte dramatische Züge an. Jesus vereinsamt zusehends. Trotz aller Beteuerungen der Jünger, in der Gefahr zu ihm zu stehen, sieht Jesus seine zunehmende Verlassenheit voraus. Innerlich sind seine Jünger ihm schon nicht mehr nahe. Sie empfinden weder die drohende Gefahr noch seine Angst vor dem, was ihm bevorsteht.

Während er den Tod im Nacken spürt und ihn am liebsten beiseite schieben würde, schlafen sie in aller Seelenruhe. Jesus dagegen hält an seiner Botschaft, am Willen Gottes fest, aber das bringt ihn mehr und mehr in die Einsamkeit.

Seine Lebenssituation ist in diesem Moment nicht mehr teilbar. Er weiß darum, daß er diesen Weg allein gehen muß. Seine Jünger begreifen noch nicht, worum es wirklich geht. Innerlich verdrängen sie die Gefahr und schlafen. Und als die Gefahr dann nahe ist, als Jesus dann tatsächlich gefangen genommen wird, suchen sie, nur noch der Situation zu entkommen: „Da verließen ihn alle und flohen." (14,50)

Ein letzter, der ihm nachgehen will, wird an seinem Gewand gepackt, aus dem er noch herausschlüpfen und das Weite suchen kann. Der Weg, den Jesus geht, der Weg, der konsequent am Willen Gottes, an seiner Botschaft vom nahen Reich Gottes festhält, ist ganz offensichtlich nicht leicht nachzugehen. Die Jünger Jesu lassen alles stehen und liegen und fliehen. Markus betrachtet das keineswegs moralisierend, sondern ganz nüchtern: Der Weg, den Jesus gegangen ist, ist nicht einfach aus menschlicher Kraft heraus gehbar, sondern nur aus der Kraft Gottes heraus. Menschlich ist es ganz normal, in solchen Momenten zu fliehen. Aber der unbedingte Glaube Jesu, den Willen des Vaters zu tun, läßt ihn seinen Weg weitergehen.

Verleugnet in vielerlei Hinsicht (Mk 14,53-72)

Auch der, der sich noch seiner Stärke gebrüstet hatte, auch Petrus scheitert an seiner menschlichen Schwäche. Auch er kann den Weg nicht gehen, den Jesus geht. Dreimal verleugnet er ihn. Zum Schluß flucht er gar und schwört: „Ich kenne diesen Menschen nicht, von dem ihr redet." (Mk 14,71)

Golgatha

Wann
wenn nicht
um die neunte Stunde

als er schrie
sind wir ihm
wie aus dem gesicht geschnitten

Nur seinen Schrei
nehmen wir ihm noch ab
und verstärken ihn
in aller Munde

Eva Zeller

Wie sehr wird jedes Christsein mit der Gestalt dieses Petrus relativiert! Wie sehr wird jeder „Leistungsglaube" hier ins Abseits gestellt! Wie sehr wird jeder „Nachfolgedünkel" hier vom Thron heruntergeholt!

Man müßte Petrus allein deshalb zum Haupt der Kirche machen, weil in ihm sichtbar wird, wie nah in unserem Leben Glauben und Unglauben, Nachfolge und Ablehnung, Heil und Unheil beieinander liegen. Würden wir ihn wirklich als Haupt der Kirche ernstnehmen, keiner dürfte sich mehr über andere erheben und sich seines Glaubens brüsten, keiner dürfte mehr davon ausgehen, der bessere Christ zu sein.

Die Tränen des Petrus, die jährlich am Karfreitag in allen Kirchen dieser Welt sichtbar fließen würden, das wäre ein Wunder, das unserer Kirche gut täte.

Während Petrus Jesus verleugnet, steht Jesus vor dem Hohen Rat des Tempels. Dort ist er vielfacher Verleugnung ausgesetzt. Es geht hier nicht um seine Botschaft. Es geht darum, einen Grund zu finden, ihn dem Tod auszuliefern. Dafür werden selbst Falschzeugen aufgeboten.

Trotz aller ihm widerfahrenden Ungerechtigkeit, trotz aller Anfeindungen steht Jesus zu dem, was er ist und was er vertritt. Als der Hohepriester ihn fragt: „Bist du der Messias, der Sohn des Hochgelobten?", ist seine Antwort eindeutig: „Ich bin es. Und ihr werdet den Menschensohn zur Rechten der Macht sitzen und mit den Wolken des Himmels kommen sehen."(14,62) Ihr werdet sehen, daß Gott hinter meiner Botschaft steht.

Da die Tempelhoheit jedoch meint, Gott verwalten zu können, da sie sich im unfehlbaren Besitz der Deutungskompetenz wähnt, was Gottes ist und was nicht, verurteilen sie Jesus zum Tode.

Der Gewalt ausgeliefert (Mk 15,1-20a)

Fortan ist Jesus der Gewalt ausgeliefert. Keiner tritt dieser Entwicklung in den Weg. Der Hohe Rat liefert Jesus an Pilatus, den römischen Statthalter, aus, weil ein Todesurteil von der römischen Gerichtsbarkeit bestätigt werden mußte.

Pilatus verhört Jesus, spürt sehr wohl, „daß die Hohenpriester nur aus Neid Jesus an ihn ausgeliefert hatten"(15,10), aber aus purer politischer Bequemlichkeit stellt er sich dem Todesurteil des Hohen Rates, obwohl er es zweifelsohne gekonnt hätte, nicht entgegen. Den Hohen Rat, das jüdische Volk zufrieden zu halten, damit nicht Aufruhr oder gar Aufstand in Jerusalem entstehe, ist sein Ziel. Dafür geht er über Leichen. Ein Menschenleben ist es ihm nicht wert, den eigenen Frieden zu stören.

So liefert auch Pilatus Jesus aus, zunächst der rohen Gewalt der Soldaten, die ihm vor versammelter Kohorte einen äußerst schmerzhaften Dornenkranz aufsetzen, einen Purpurmantel umhängen und ihn als König der Juden verspotten. Sie schlagen und bespucken ihn. Jesus geht den furchtbarsten Weg, den Menschen gehen müssen, den Weg unbarmherziger Folter. Er ist rücksichtsloser Gewalt ohne jeglichen Schutz ausgeliefert.

„Wahrhaftig, dieser Mensch war Gottes Sohn!"

Ein Mann namens Simon von Zyrene wird gezwungen, Jesus das Kreuz nach Golgota zu tragen. War sein Körper schon so durch die Folter geschwächt, daß er selbst dazu nicht mehr imstande war? Vieles spricht dafür, auch das für die Marter am Kreuz relativ schnelle Eintreten des Todes Jesu, über das auch Pilatus sich überrascht zeigt.(15,44)

Die Soldaten reichen Jesus Wein mit Myrrhe, ein Getränk zur Betäubung der Schmerzen. Er nimmt es nicht.

Am Kreuz ist Jesus dreimaligem Spott ausgesetzt: Vorbeigehende Menschen verhöhnen ihn: „Hilf dir doch selbst, und steig herab vom Kreuz." (15,30) Die Hohenpriester und Schriftgelehrten spotten: „Anderen hat er geholfen, sich selbst kann er nicht helfen. Der Messias, der König von Israel!" (15,31f). Selbst die zwei Räuber, die mit ihm gekreuzigt werden, beschimpfen ihn.

126 Jesus ist am Tiefpunkt angekommen: von fast allen, die ihm nahe waren, verlassen; verleugnet auf vielerlei Weise; schutzlos körperlicher und verbaler Gewalt ausgesetzt.

Und er ruft laut die Anfangsworte des Psalmes 22, ein Psalm der Jesus sicherlich wohlvertraut war: „Mein Gott, mein Gott, warum hast du mich verlassen."(Mk 15,34/Ps 22,2)

Ob dies tatsächlich historisch gesehen die letzten Worte Jesu waren, ist müßig zu diskutieren. Der Evangelist Markus hört sie aus dem Mund des sterbenden Jesus. Er spürt, daß Jesus an dem Tiefpunkt allen menschlichen Daseins angekommen ist, den auch der Psalm 22 beschreibt: „Ich aber bin ein Wurm und kein Mensch, der Leute Spott, vom Volk verachtet. Alle, die mich sehen, verlachen mich. ... Meine Kehle ist trocken wie eine Scherbe, die Zunge klebt mir am Gaumen, du legst mich in den Staub des Todes. ... Sie verteilen unter sich meine Kleider und werfen das Los um mein Gewand." (Ps 22,7f.16.19)

Wo ist Gott, wenn Menschen so leiden, wenn Menschen vereinsamt und verspottet auf grausamste Weise sterben müssen? Ist er fern? Hat er Menschen in einem solchen Moment verlassen. Diese Frage wirft der Psalm 22 auf, den Markus den gekreuzigten Jesus beten hört.

Und Markus erzählt dann weiter: „Jesus aber schrie laut auf. Dann hauchte er den Geist aus. Da riß der Vorhang im Tempel von oben bis unten entzwei. Als der Hauptmann, der Jesus gegenüberstand ihn auf diese Weise sterben sah, sagte er: Wahrhaftig, dieser Mensch war Gottes Sohn."

Der Vorhang des Tempels, der den Anblick der unverhüllten Majestät Gottes verhindern sollte, zerreißt im Moment des Todes Jesu. Gott ist im Leiden und Sterben dieses Menschen unverhüllt sichtbar. Er ist nicht fern. Er hängt mit Jesus am Kreuz.

„Wahrhaftig, dieser Mensch war Gottes Sohn."

Ohne den Grund menschlichen Leidens damit aufzudecken und zu erklären, kündet Markus hier seinen Glauben, daß Gott sich gerade im Moment des Kreuzestodes Jesu als naher, als daseiender, als unverhüllter Gott erweist.

Markus glaubt damit nicht an einen Gott, der uns Menschen Leid ersparen oder einfach wegnehmen kann. Markus glaubt an einen Gott, der auch im Leiden da ist, der sich gerade in diesem auf furchterregende Weise sterbenden Jesus von Nazaret offenbart, ihn aber nicht im Tode beläßt, sondern zum Leben auferweckt.

Markus will und muß das Kreuz nicht glorifzieren. Es bleibt für ihn das fürchterliche Folterinstrument, das nichts, aber auch gar nichts von seinem Schrecken verloren hat.

Dieser Jesus, der im Sterben laut aufschreit, in dessen Schrei das Schreien vieler leidender Menschen widerhallt, dieser Jesus, der die Liebe Gottes zum Menschen bis zur letzten Konsequenz lebt, dieser Jesus ist es, über den der Hauptmann sagt: „Wahrhaftig, dieser Mensch war Gottes Sohn."

Über diese Glaubenserfahrung wollte Markus nicht schweigen. Wir dürfen ihm dankbar dafür sein.

Bibelarbeit

1. Auf den Bibeltext zugehen

Variante A: An den vier Wänden des Raums hängt jeweils eine Kreuzigungsdarstellung, die sich von den anderen stark unterscheiden sollte. Die T. (=TeilnehmerInnen) werden gebeten, sich zu einer dieser Darstellungen zu stellen, die ihnen gerade besonders nahe ist. Im anschließenden Austausch erzählen die T., was sie an der jeweiligen Kreuzigungsdarstellung bewegt. (Zielsetzung: Die unterschiedlichen Perspektiven wahrnehmen, mit denen der Kreuzestod Jesu dargestellt werden kann)

Variante B: Auf einem Plakat sammeln die T. aus der Erinnerung heraus, wie die Passionsgeschichte abgelaufen ist. Meistens fallen den T. viele Elemente ein, die weit über die

128 markinische Darstellung hinausgehen, sich aber doch tief in unseren Köpfen eingenistet haben. (Zielsetzung: Offen werden für die Perspektive des Evangelisten Markus; sich der inneren Zusammenschau aller vier Evangelien bewußt werden)

Variante C: Auf einem Dia wird die Kreuzigungsdarstellung von Otto Pankok (Jugendkreuzweg 1985; s. S. 123) angeschaut. Zunächst lassen die T. das Bild in Stille auf sich wirken. Dann sollen die T. beschreiben, was sie auf dem Bild wahrnehmen, wie das Bild auf sie wirkt. Das Bild provoziert. Viele wollen das Bild als Kreuzigungsdarstellung nicht akzeptieren, da Pankok den ganzen Schrecken des Kreuzes künstlerisch erfaßt und das Kreuz für uns oft nur noch ein Heilszeichen, aber kein Folterinstrument mehr ist. Es lohnt sich deshalb, über das Bild zu diskutieren, der Frage nachzuspüren, ob und wie das Bild das Kreuz Jesu wiedergibt. (Zielsetzung: einen Blick für die markinische Perspektive des Kreuzes gewinnen, die nichts von dessen Schrecken wegnehmen will)

2. Auf den Bibeltext hören

Variante A: Die markinische Passionsgeschichte langsam lesen, nach jedem Abschnitt kurz innehalten und dann über den Abschnitt ins Gespräch kommen: Was bewegt mich? Was verstehe ich nicht?

Variante B: Die T., die vorher aus der Erinnerung heraus die Passionsgeschichte nacherzählt haben, lesen den Text und vergleichen ihn mit ihrer Darstellung. Worauf verzichtet der Evangelist Markus, worauf legt er Akzente? Was möchte er mit seiner Passionsgeschichte sagen?

Variante C: Die T., die vorher die Aufgabe bekommen haben, bestimmte Personen zu beobachten, lesen den Text in Kleingruppen. Wie handeln diese Personen? Wie stellen sie sich gegenüber Jesus? Eine Kleingruppe beobachtet dabei nur Jesus: Wie ergeht es ihm? Wie erlebt er seine Umwelt? Anschließend tragen die Kleingruppen ihre Ergebnisse zusammen und kommen ins Gespräch darüber.

Variante A: Die Gruppe betet miteinander einen Kreuzweg, dessen Stationen nur dem Markus-Evangelium entnommen sind. L. (=LeiterIn) sucht zu den einzelnen Stationen entweder Dias oder Symbole heraus, liest noch einmal kurz den Text vor. Nach einer Phase der Stille sind die T. eingeladen, ihre Gedanken/ Gebete zu diesem Text, wenn sie mögen, laut auszusprechen. Diskussionen sollten hier vermieden werden. Als Dias bieten sich die jährlich erscheinenden Jugendkreuzwege an. Zwischen den Stationen könnten Lieder gesungen werden. (Zielsetzung: den Weg Jesu noch einmal meditierend im Dialog mit Gott nachgehen)

Variante B: Die T. werden gebeten, sich eine Figur aus der Passionsgeschichte des Markus auszuwählen und diese mit ihren Gedanken zu füllen. Nach einer kurzen Phase der Besinnung fragt L. die T., wer sie sind, und diese erzählen in der Ich-Form von der betreffenden Figur: z.B. ,,Ich bin Judas, ...'' (Zielsetzung: Sich mit Figuren der Passionsgeschichte identifzieren; spüren, was diese mir für mein Leben sagen können)

Variante C: Die T. erhalten Stifte/Farben und Papier und werden eingeladen, eine Kreuzwegstation selbst zu gestalten. Die Bilder müssen nicht figürlich sein. Sie sollen vor allem die Empfindungen der T. gegenüber der betreffenden Kreuzwegstation zum Ausdruck bringen. (Zielsetzung: Eigenen Empfindungen gegenüber dem Text auf künstlerische Weise Ausdruck geben)

Variante D: Die T. betrachten (noch einmal) das Bild von Otto Pankok und tauschen ihre Empfindungen demgegenüber nach der Textbetrachtung aus. Hat das Bild für uns (jetzt) etwas mit der markinischen Passionsgeschichte zu tun? Am Ende liest der L. das Gedicht von Eva Zeller (Seite 122) vor. (Zielsetzung: Dem Impuls der markinischen Passionsgeschichte noch einmal in bildlicher Form nachspüren)

Hans-Joachim Remmert

Ostern

einmal werden die
steine leicht auf
unseren gräbern liegen

und leicht werden
wir uns erheben
aus dem staub und
über schwellen gehen
mit flügelschritt

die totenwächter liegen
stumm und träumen
unsere nachtgesichter

ein wind wird uns
forttragen in den kreis
der wartenden und
brot und wein gehen
von mund zu mund

Wilhelm Bruners

„Und sie sagten niemand etwas davon . . ."

Der Schluß des Markusevangeliums (Mk 16,1–8)

Wer hat eigentlich den Stein von der Tür des Grabes gewälzt?", – „Und wie war das: Legte Jesus selbst das Leinentuch zusammen? Wurde er von allein wach, oder wurde er geweckt?" – „Überhaupt: Wie geschah die Auferstehung genau?" Meist trauen sich nur Kinder, solche Fragen laut zu stellen. Aber, Hand aufs Herz: auch wir Erwachsenen haben sie. Sie begleiten von Anfang an die Osterbotschaft.

Eine spätere Darstellung

Einen Beleg dafür gibt das sogenannte Petrusevangelium, das im 2. Jahrhundert nach Christus in Syrien entstand und dem Apostel Petrus zugeschrieben, aber sicher nicht von ihm verfaßt wurde. Ziel dieses Evangeliums, das von der Alten Kirche nicht in das Neue Testament aufgenommen wurde, ist es, jeden Zweifel an Jesu Gottessohnschaft zu beseitigen. Dazu schildert es bis ins Detail die Auferstehung Jesu:

„In der Nacht aber, in welcher der Herrentag aufleuchtete, als die Soldaten, jede Ablösung zu zweit, Wache standen, erscholl eine laute Stimme am Himmel, und sie sahen die Himmel geöffnet und zwei Männer in einem großen Lichtglanz von dort herniedersteigen und sich dem Grab nähern. Jener Stein, der vor den Eingang des Grabes gelegt war, geriet von selbst ins Rollen und wich zur Seite, und das Grab öffnete sich und beide Jünglinge traten ein. Als nun jene Soldaten dies sahen, weckten sie den Hauptmann. Und während sie erzählten, was sie gesehen hatten, sehen sie wiederum drei Männer aus dem Grab herauskommen und die zwei den einen stützen und ein Kreuz ihnen folgen... Und sie hörten eine Stimme aus den Himmeln rufen: Du hast den Entschlafenen gepredigt, und es wurde vom Kreuze her die Antwort laut: Ja."

Wie anders wirkt da der Bericht, den uns der Evangelist Markus gibt. Knapp und nüchtern – ja, fast schüchtern zurückhaltend. Schade, möchten wir denken. Aber Markus kommt damit dem Geheimnis der Auferstehung Jesu viel näher, und er verwickelt uns viel tiefer in diese Begebenheit hinein.

Der Osterbericht des Markus

„Als der Sabbat vorüber war", also am Samstag abend nach Sonnenuntergang, „kauften Maria aus Magdala, Maria, die Mutter des Jakobus, und Salome wohlriechende Öle, um damit zum Grab zu gehen und Jesus zu salben". Die Frauen, Jüngerinnen Jesu, wollten sich um den Leichnam bemühen und Jesus so einen letzten Liebesdienst erweisen.

Am Vorabend hatten sie die Öle gekauft, „am ersten Tag der Woche kamen sie in aller Frühe zum Grab, als eben die Sonne aufging". Unser Sonntag war es, der dritte Tag nach dem Tod Jesu. Es war früh am Morgen, noch kühl, und die Sonne ging soeben auf - wie ein Hoffnungszeichen am Horizont... Wie den Frauen auf ihrem Weg zumute war, erfahren wir nicht.

„Sie sagten zueinander: Wer könnte uns den Stein vom Eingang des Grabes wegwälzen?" Ein Hindernis lag im Weg: eine Steinscheibe, so groß und schwer, daß sie den Eingang zu einem Felsengrab sicher verschließen konnte. Wie würden sie daran vorbeikommen? Doch diese Frage hielt die Frauen nicht von ihrem Vorhaben ab. Wir erfahren nicht einmal, ob sie fürchteten, daß niemand ihnen helfen könnte, oder zuversichtlich waren, daß schon jemand dasein würde. Markus erzählt sachlich, fast distanziert.

„Doch als sie hinblickten, sahen sie, daß der Stein schon weggewälzt war; er war sehr groß." Das Wunder deutet sich an, denn etwas Unerwartetes war geschehen: der Rollstein war weg, der Weg ins Grab frei. Wir erfahren nicht, was beim Anblick des geöffneten Grabes in den Frauen vorging, ob sie Grabschändung befürchteten oder den Raub des Leichnams, ob sie erstaunt waren oder erschrocken.

Markus erzählt weiter: „Sie gingen in das Grab hinein und sahen auf der rechten Seite einen jungen Mann sitzen, der mit einem weißen Gewand bekleidet war." Der junge Mann war in leuchtendes Tuch gehüllt. Schon das läßt ihn unirdisch wirken und kennzeichnet ihn als himmlisches Wesen. Und er saß auf der rechten, auf der glückverheißenden Seite. Ein Bote Gottes mit einer guten Nachricht wartete im Grab auf die Frauen.

Jetzt verläßt Markus das erste Mal seine protokollierende Erzählhaltung und beschreibt, was in den Frauen vorging: „da erschraken sie sehr". Die Erscheinung löste bei den Frauen tiefes Entsetzen aus. Die Bibel berichtet an vielen Stellen, wie sehr die meisten Menschen erschrecken, wenn sie einem himmlischen Boten gegenüberstehen.

„Er aber sagte zu ihnen: Erschreckt nicht! Ihr sucht Jesus von Nazaret, den Gekreuzigten." Zunächst beruhigte der Gottesbote die Frauen. Dann sprach er sie auf ihre Absicht an: Ihr sucht Jesus. Es besteht also kein Zweifel: beide, die Frauen und der Engel, meinen denselben und befinden sich am richtigen Ort. Und nun verkündigte der Engel den Frauen die unerwartete Neuigkeit: „Er ist auferstanden; er ist nicht hier. Seht, da ist die Stelle, wo man ihn hingelegt hatte." Ohne große Umschweife, ohne große Vorbereitung, knapp und prägnant hörten die Frauen die überwältigende Botschaft des Ostermorgens: Der tote Jesus ist nicht mehr in seinem Grab zu finden. Er ist nicht hier, seht selbst. Gott hat ihn auferweckt von den Toten. Er lebt.

Doch die Frauen hatten kaum Zeit, das Gehörte zu verarbeiten. Schon erhielten sie einen Auftrag: „Nun aber geht und sagt seinen Jüngern, vor allem Petrus: Er geht euch voraus nach Galiläa; dort werdet ihr ihn sehen, wie er es euch gesagt hat." Die Frauen sollten nicht erstaunt oder erschüttert, anbetend oder erstarrt im Grab bleiben, sondern sofort weggehen an wichtigere Orte: Zu den verzagten Jüngern, um ihnen die Neuigkeit zu erzählen; und dann mit ihnen schnell hinaus aus Jerusalem in den Norden zum See Gennesaret, zurück nach Galiläa, in ihre Heimat. Dort, so sagte der Engel, sollten sie Jesus sehen. Und richtig: Jesus selbst hatte seinen Jüngern dies schon angekündigt, am Ölberg in der Nacht seiner Verhaftung.

Was taten und empfanden die Frauen jetzt? Markus berichtet es uns: „Da verließen sie das Grab und flohen; denn Schrecken und Entsetzen hatte sie gepackt. Und sie sagten niemand etwas davon; denn sie fürchteten sich." Die Frauen flüchteten, zitternd am ganzen Leib; nur weg, nichts wie weg, ganz weit weg! Da kam keine Osterfreude auf, kein Osterlachen, im Gegenteil: Furcht und Erschrecken packte sie, Angst und Panik. Und die Frauen schwiegen. Kein Wort von dem, was der Engel ihnen aufgetragen hatte, richteten sie aus. Zu keinem Menschen ein Wort! Die Angst verschloß ihre Herzen und Münder.

Ein merkwürdiger Schluß

Mit diesen Worten endet die Ostererzählung des Markus – und mit diesen Worten beendet er zugleich sein ganzes Evangelium. Er berichtet nicht, ob und wie es weiterging. Er erzählt nichts von Begegnungen mit dem Auferstandenen, nichts von wegweisenden Worten des Verklärten, nichts von einer Himmelfahrt. Markus beschließt sein ganzes Evangelium mit den Worten: Und sie sagten niemandem etwas, sie fürchteten sich nämlich.

In unseren Bibelausgaben folgt auf diesen letzten Vers der Ostergeschichte (Mk 16,8) noch ein weiterer Abschnitt (16,9-20). Er ist aber erst im 2. Jahrhundert n.Chr. an dieses Evangelium angefügt worden. In den alten, frühen Abschriften des Markusevangeliums fehlen die Verse 9-20; erst in jüngeren, späteren Handschriften erscheinen sie. Wahrscheinlich wurden sie angefügt, weil der abrupte Schluß des Markusevangeliums zu unverständlich erschien. Aber es gilt heute als sicher, daß Markus sein

136 Evangelium wirklich so offen enden lassen wollte. Dies legen nicht nur die Handschriften nahe. Dafür spricht auch die Theologie des Markus und die Art, wie er sein Evangelium bis hierher gestaltet hat.

Verhüllendes Erzählen

Markus schreibt sein Evangelium wohl für eine Gemeinde, in der er mit Sorge manche Fehlentwicklung beobachtete: Die Gemeindeglieder strebten in der Gemeinde nach Einfluß und Machtpositionen; sie verehrten Jesus als großen, glorreichen Helden, aber verstanden nicht recht, warum er sterben mußte; ja, sie fragten sich auch, warum sie als Christen noch Leid ertragen mußten und nicht davon verschont blieben. Dagegen will Markus anerzählen.

Markus erzählt die Geschichten von Jesus, und zwar so, daß die Leserinnen und Leser erkennen: Jesus war Gottes Sohn, doch dies äußerte er nicht „in Glanz und Gloria", sondern in seinem Leiden. Ja, das Leiden des Gottessohnes ist viel wesentlicher als seine „glorreichen" Taten. Markus will verhindern, daß Jesus nur als „strahlender Held" verehrt und sein Leiden vergessen wird.

Wenn Markus von den großen Wundern Jesu erzählt, verschleiert er sie deshalb sogleich wieder und „verhüllt" sie auf eigentümliche Weise. Sie sollen ja die Erzählungen vom leidenden Christus nicht überdecken. Immer da, wo es „strahlt", wird es also von Markus gleichsam „verdunkelt".

Um diesen Erzähleffekt zu erreichen, verwendet Markus Motive, die er in die ihm vorliegenden Jesuserzählungen einarbeitet. Dazu gehören zum Beispiel die „Schweigegebote":

☐ Jesus weckt ein Mädchen vom Tod auf; dann verbietet er den Eltern, dieses großartige Wunder weiterzuerzählen (5,21-43).

☐ Petrus bekennt, daß Jesus der erwartete Messias Gottes, der Christus ist; doch dies Bekenntnis geschieht „am Ende der Welt", fernab von Jerusalem im heidnischen Cäsarea Philippi,

Für uns alle unfaßbar
ist am Freitag,
dem 7. April 30,
unser aller Bruder

Jesus
von Nazareth

auf einem Hügel
vor den Mauern Jerusalems
hingerichtet worden

In stiller Trauer:
Seine Freunde

Die Beisetzung hat im engsten Kreis
stattgefunden.
Anstelle von Kranz- und Blumenspenden
bitten wir,
kein Gras über seinem Grab
wachsen zu lassen.

und Jesus verbietet seinen Jüngern außerdem, es weiterzusagen (8,27-30).

Ein anderes Erzählelement des Markus ist der „Jüngerunverstand": Die Jünger sind immer wieder neu verwirrt und verstehen Jesus nicht, selbst dann nicht, wenn er ihnen alles intensiv erklärt.

☐ Jesus speist 5000 Menschen; aber selbst seine Jünger verstehen nicht, daß dies ein Zeichen für Jesu umfassende Vollmacht ist (6,30-44 und 8,14-21).

Durch diese Erzählmotive erreicht Markus, daß die Wunder Jesu nie nur „bombastisch" wirken und Jesus selbst immer noch geheimnisvoll bleibt. In nahezu jeder Geschichte, die Markus von Jesus erzählt, deutet er auch an, daß Jesus leiden und sterben wird. Keine Heldengeschichte, sondern die Geschichte des leidenden und dienenden Gottessohnes wird aufgeschrieben.

Ist das Ostern?

Wie alle anderen Wunder, so verhüllt Markus auch die Osterbotschaft. Ja, er erzählt von der größten Tat Gottes so, daß sie besonders geheimnisvoll bleibt. Der Größe des Wunders entspricht die Stärke der Verhüllung: Die Botschaft von der Auferstehung wird nicht weitergegeben, sondern „versickert" in Furcht und Zittern. Die Frauen laufen nicht fröhlich zu den Jüngern, die Osterbotschaft wird nicht lauthals im ganzen Land verkündigt, der Auferstandene erscheint nicht vor den Jüngern. Nein, im Gegenteil: Markus berichtet nur von einem einzigen Gefühl, das die Osterbotschaft auslöst: Furcht. Und er berichtet nur von einem einzigen Geschehen: Von tiefem Schweigen.

Markus bricht hier ab. Er erzählt nicht, wie es weiterging. Er hüllt die Auferstehung in Schweigen – und will so eines erreichen: Die Christen sollen über die Freude der Auferstehung nicht vergessen, daß Jesus entsetzlich litt und qualvoll starb und sein Leben aus Liebe hergab.

Was ist aber nun die Osterbotschaft des Markus? Es kann doch nicht sein ganzes Anliegen sein, daß Ostern Furcht und Zagen bedeutet? Markus weiß, daß die Nachricht von der Auferstehung Jesu die Jünger doch erreichte. Schließlich erreichte sie etliche Jahre später auch ihn, den Markus, der nicht zum ersten Jüngerkreis gehörte. Ja, Markus ist selbst ein Prediger dieser Guten Nachricht geworden und gibt sie weiter! Die Botschaft verbreitete sich also, vom Grab nach Jerusalem, dann nach Galiläa und Syrien und in die Welt.

Ich höre den Engel

Die Auferstehung Jesu kann uns niemand beweisen. Sie wird von Menschen bezeugt. Sie erzählen, daß sie den Auferstandenen gesehen haben und wie er in ihrem Leben gegenwärtig ist. Aber beweisen kann es uns niemand. Wir müssen dieser Botschaft Glauben schenken. Darin sind wir so wie die Frauen am Grab: Wir hören die Nachricht: Jesus ist auferstanden - und wir müssen uns entscheiden, ob wir sie glauben oder nicht. Niemand kann uns diese Entscheidung abnehmen.

Markus erzählt uns von Ostern, und so wie er es tut, stellt er uns geradezu in das leere Grab hinein. Er stellt uns an die Seite der suchenden Frauen. „Er ist auferstanden!" sagt der junge Mann im Grab, der Bote Gottes auf der Freudenseite. Wir hören es fast unmittelbar aus dem Mund des Engels: „Er ist auferstanden."

Wie die Frauen stehe ich nun da, vom Engel angesprochen. Ich muß mich zu seiner Botschaft verhalten. Mag sein, daß ich mich fürchte und zittere; mag sein, daß ich zweifle und hinterfrage – aber die Nachricht hat mich erreicht. Aus dem Mund eines Engels kommt sie, und sie will mitten ins Herz.

Christus ist auferstanden

Christus ist auferstanden – dies ist auch für Markus die größte aller Nachrichten. Er, der hingerichtet wurde, lebt. Er, der den Menschen diente, ist der Herr der Welt. Er, der verspottet wurde, wird von Gott erhöht. Er, der sich selbst hingab, gibt allen Menschen die Fülle des Lebens.

Die Gemeinde, für die Markus das Evangelium aufschrieb, mußte wahrscheinlich schon Verfolgung durch römische Obrigkeiten erleiden, in jedem Fall aber Schikanen um des Glaubens willen. Markus tröstet sie mit dem Vorbild Christi: Wie er litt, weil er Gottes Sohn ist, so müßt auch ihr vieles ertragen, weil ihr ihm nachfolgt. Aber so, wie Gott sich seinem Sohn an die Seite stellte, ihn nicht im Tod ließ, so wird er auch euch nicht verlassen und an eurer Seite bleiben.

Alle Menschen, die dieser Botschaft trauen, finden darin Trost und Hoffnung. Tod und Haß, Hinterlist und Argwohn bleiben nicht die Sieger, Gott überwindet sie – in meinem Leben wie im Leben seines Sohnes. Die Osterbotschaft wird zu einem Mutmach-Wort für mein Leben!

Geh nach Galiläa

„Geht nach Galiläa, dort werdet ihr ihn sehen." Mit diesen Worten schickt der Engel die Frauen und die Jünger fort vom leeren Grab und fort aus der heiligen Stadt Jerusalem. Er schickt sie nach Galiläa, dorthin, wo ihr Zuhause ist, ihre Arbeit, ihre Familie. Dort ist auch der Ort, wo sie Jesus sehen werden.

So heißt die Osterbotschaft für uns: Bleibt nicht an heiligen Orten, sondern geht in euer „Galiläa". Dorthin, wo ihr arbeitet und euch um das Morgen sorgt. Dorthin, wo ihr Zuhause seid und eure Freunde leben, dorthin, wo ihr spielt und schuftet, bügelt und schraubt, feiert und leidet. Dort, wo euer Leben stattfindet, werdet ihr ihn sehen. Dort wird er euch begegnen. Ja, er ist euch schon dorthin vorausgegangen! Er wartet dort, in „Galiläa". Dort geht hin. Dort lebt mit ihm!

Das Osterevangelium des Markus mit seinem abrupten, verhüllenden Ende wird für die Teilnehmer/innen fremd und ungewohnt sein. Denn Markus enttäuscht ihre Oster-Erwartungen.

Ziel dieser Bibelarbeit ist es, die Ostererzählung des Markus kennenzulernen und sich mit seiner Theologie auseinanderzusetzen.

Der Impuls „Geht in euer Galiläa" soll als mutmachende Wegweisung am Ende stehen.

1. Auf den Bibeltext zugehen

Was erwarten wir von Ostern und von Ostergeschichten? Die Teilnehmer/innen nennen zuerst, was für sie äußerlich zu Ostern gehört („Frühling", „Lachen"...). Danach überlegen sie, was in biblische Ostergeschichten hineingehört („leeres Grab", „Wettlauf zum Grab", „Emmaus"...).

2. Auf den Bibeltext hören

Der Leiter/die Leiterin gibt zunächst die Information, daß die Verse 16,1-8 den Abschluß der Ostererzählungen und des ganzen Markusevangeliums bilden. Die Teilnehmer/innen hören nun den Abschnitt und entdecken, daß die meisten erwarteten Motive nicht vorkommen. Sie reagieren: Ist das eine „richtige" Ostererzählung?

In Kleingruppen wird der Text analysiert. Die Teilnehmer/innen bearbeiten miteinander die Fragen:

☐ Welches äußere Geschehen beschreibt Markus?

☐ Was teilt er über das innere Geschehen, die Gefühle der Frauen mit?

Die Teilnehmer/innen entdecken die Fakten- und die Gefühlslinie, die Markus miteinander verbindet: Der Größe des

142 Osterwunders entspricht die Tiefe des Erschreckens. (Vielleicht können sie dazu zwei „typische Handbewegungen" finden, die die Botschaft des Engels und die Reaktion der Frauen beschreiben).

Im Plenum werden die Ergebnisse zusammengetragen. Der Leiter/die Leiterin verweist auf die Erzählmotive im Evangelium (Schweigegebote, Jüngerunverstand), auf die Theologie vom leidenden Gottessohn und die Situation der markinischen Gemeinde.

Die Absicht des Markus wird herausgearbeitet: Die Gemeinde soll über die Osterfreude die Dunkelheit des Karfreitags, über die Auferstehung Jesu sein Leiden nicht aus den Augen verlieren. Dieser Absicht dient die Weise, in der Markus sein Osterevangelium gestaltet.

Die Teilnehmer/innen haben nun Gelegenheit (ggf. in Kleingruppen), auf die Ostererzählung des Markus zu reagieren: Wie empfinde ich sie? Was ist mir nah, was ist mir fremd?

In die Textarbeit werden Passionslieder (z.B. „O Traurigkeit, o Herzeleid", GL 188, EG 80) und Osterlieder (z.B. „Christ ist erstanden", GL 213, EG 99) integriert.

3. Mit dem Bibeltext weitergehen

Die Schlußverheißung des Markusevangeliums soll vertieft und als Aufforderung sowie als Zusage mitgenommen werden: Geht in euer Galiläa, dort werdet ihr ihn sehen!

Die Teilnehmer/innen schreiten in Gedanken ihr Lebensumfeld, ihr „Galiläa" ab: Familie, Wohnung, Arbeit, Freunde, Hobbies, Sorgen,… Sie werden gebeten, eine Situation auszuwählen, die ihnen besonders am Herzen liegt.

Sie haben nun in der Stille Zeit, der Zusage nachzusinnen: Christus ist dort sichtbar. Welches (neue) Licht wirft das auf diese Situation? Was erbitte ich von Christus für diese Situation?

Annegret Puttkammer

Dr. Josef Ernst ist Professor für Exegese des Neuen Testaments an der Theologischen Fakultät Paderborn. Seine Anschrift: Kamp 6, 33089 Paderborn

Dipl.-Theol. Wolfgang Baur ist Stellvertretender Direktor beim Katholischen Bibelwerk e.V. Seine Adresse: Poppenweiler Straße 12, 71640 Ludwigsburg.

Dr. Bettina Eltrop ist Wissenschaftliche Mitarbeiterin beim Katholischen Bibelwerk e.V. Ihre Adresse: Am Brünnelesberg 17, 73760 Ostfildern-Ruit.

Dipl.-Theol. Anneliese Hecht ist Wissenschaftliche Mitarbeiterin beim Katholischen Bibelwerk e.V. Ihre Adresse: Birkenpilzstraße 9, 70599 Stuttgart-Birkach.

P. Dr. Josef Heer ist Wissenschaftlicher Mitarbeiter beim Katholischen Bibelwerk e.V. Seine Adresse: Paracelsusstraße 89, 70599 Stuttgart.

Dr. Dr. Juan Peter Miranda ist Wissenschaftlicher Mitarbeiter beim Katholischen Bibelwerk e.V. Seine Anschrift: Esslinger Straße 20, 71732 Tamm.

Dr. Franz-Josef Ortkemper ist Direktor des Katholischen Bibelwerks e.V. Seine Adresse: Lenaustraße 6, 71332 Waiblingen.

Dipl.-Theol. Hans-Joachim Remmert ist Pastoralreferent und Freier Mitarbeiter beim Katholischen Bibelwerk e.V. Seine Anschrift: Wolfachstraße 5, 71069 Sindelfingen Darmsheim.

Annegret Puttkammer ist evangelische Pfarrerin. Ihre Anschrift: Zaunwiesen 78, 70597 Stuttgart-Hoffeld.

Quellenhinweis:

Bilder aus der Kunst:
Umschlagbild: Ausschnitt aus Albrecht Dürer, Die heiligen Apostel (Alte Pina-
kothek München); S. 18: Ernst Barlach, Christus (© Bildarchiv Foto Marburg); S. 101:
Sieger Köder, Ihn zwangen sie, Jesus das Kreuz zu tragen (Kreuzweg Rosenberg,
© Schwabenverlag Ostfildern); S. 115; Kaethe Kollwitz, Arbeiter (Privatbesitz, © VG
Bild-Kunst).

Fotos:
Werner Stuhler, Hergensweiler (S. 5, 27, 35, 44, 54, 71, 78, 86, 93, 107, 131).

*Meditationstexte:*Kurt Marti, Mein barfüßig Lob. Gedichte (Luchterhand) Neuwied
²1987 (S. 11); Lothar Zenetti, Sieben Farben hat das Licht, (J. Pfeiffer-Verlag) München
1987 (S. 19); Christa Peikert-Flaspöhler, schenke Neubeginn. Segensworte, (Lahn-
Verlag) Limburg 1996 (S. 26, 45, 55, 63, 106); Christa Peikert-Flaspöhler, mit deinem
Echo im Herzen. Neue Psalmen, (Lahn-Verlag) Limburg 1995 (S. 34); Sigrid u. Horst
Klaus Berg (Hrsg.), Himmel auf Erden. Wunder und Gleichnisse; Christa Peikert-
Flaspöhler, Niemals mehr wollen wir sprachlos sein – Frauen der Bibel – Frauen
heute, (Jahn-Verlag) Limburg 1993 (S. 70); Kurt Marti, Für eine Welt ohne Angst,
(P. Hammer Verlag) Wuppertal ²1986 (S. 79); Kurt Marti, geduld und revolte. die
gedichte am rand, (Radius Verlag) Stuttgart 1984 (S. 87); Lothar Zenetti, Die
wunderbare Zeitvermehrung. Variationen zum Evangelium, (J. Pfeiffer-Verlag) München ⁴1994 (S. 92); Petrus Ceelen, Mein Neues Testament. Texte um Jesus von
Nazareth, (Patmos Verlag) Düsseldorf 1989 (S. 100, 137); Evangelische Kommentare
8/1975 (S. 122); Wilhelm Bruners, Schattenhymnus. Biblische Meditationen,
(Patmos) Düsseldorf 1989 (S. 130).

Wir danken allen, die uns Fotos und Texte zum Abdruck freigegeben haben.